Barbara Rias-Bucher

EXOTISCHES GEMÜSE

Der Guide für Feinschmecker

Mit Fotos von Bodo A. Schieren

Wilhelm Heyne Verlag
München

Bildnachweis:
Studio Levin, Frankfurt, S. 111, 145;
Teubner Foodfotografie, Füssen, S. 71, 73, 93, 95, 104, 143, 151, 153, 159, 221.

Das Bild auf der Seite 11 wurde entnommen aus: J.G. Vaugham/C. Geissler, The New Oxford Book of Food Plants, Illustrated by B.A. Nicholson. With additional illustrations by Elisabeth Dowle and Elisabeth Rice, Oxford University Press, Oxford/New York/Tokyo 1997.

Alle anderen Fotos: Bodo A. Schieren

Umschlaggestaltung: Christian Diener,
unter Verwendung von Fotos von Bodo A. Schieren
Grafische Gestaltung und Satz: Marina Faggioli-Herold
Druck und Bindung: RMO Druck, München
Printed in Germany

ISBN 3-453-13800-7

Inhalt

Vorwort

Bisher fand ich kaum etwas so spannend wie meine Experimente mit exotischem Gemüse. Für dieses Buch wählte ich nämlich als Einstieg gleich die Praxis, und so begann alles damit, daß ich ziemlich ratlos vor einem Haufen Grünzeug stand.

„Nehmt einfach mit, was es gibt. Ich muß ein Gefühl für die Dinge bekommen", hatte ich meine Mitarbeiter Luise Herrmann und Thomas Terlaak gebeten und sie in den Asienladen geschickt. Sie kamen mit einer ganzen Menge zurück, und ich versuchte nun anhand von Büchern und Bildern zu bestimmen, was da vor mir lag und was man damit anfangen konnte.

Zunächst probierte ich das Gemüse roh, ganz wie ich es von Kräutern gewohnt war. Den Geschmack von Parkia hatte ich dann noch stundenlang im Mund – ein bißchen Kohlrabi mit einer kräftigen Prise Knoblauch. Bei der Bittergurke war ich schon vorsichtiger: Ich briet sie in Öl, sie duftete höchst appetitlich und schmeckte so gallebitter, daß mich auch dieses Aroma noch stundenlang begleitete.

So beschloß ich, zunächst von der Praxis zur Theorie zu wechseln. Ich informierte mich in allen möglichen Kochbüchern zu authentischen Landesküchen, wie die verschiedenen Gemüse vorbereitet und zubereitet werden. Ich begriff, wie sich Zutaten harmonisch ergänzten, bat Freunde und Bekannte aus anderen Ländern um Tips und Rezepte. Das Ergebnis der Recherchen finden Sie direkt bei den Einzelporträts als Kurzinformationen und im Kochteil als komplette Rezepte. Die Ausführlichkeit war notwendig, denn anders als bei exotischen Früchten, die man meist roh ißt, muß man Gemüse kulinarisch einordnen können. Es nutzt Ihnen gar nichts, wenn Sie ein Pfund wunderbar frische Okraschoten vor sich liegen haben und sie wie grüne Bohnen mit Kartoffeln kochen. Dann schmecken sie Ihnen vermutlich nicht, und Sie verzichten in Zukunft auf Okras. Was sehr schade wäre, denn es entginge Ihnen zum Beispiel der Genuß des karibischen Maisflammeris.

Natürlich gelang es mir nicht immer, Geruch und Geschmack zu definieren. Vermutlich muß man einen Geschmack bereits kennen, um ihn wirklich beschreiben zu können, und vermutlich spielt bei diesen Vergleichen das subjektive Empfinden eine so große Rolle, daß Sie die entsprechende Rubrik bei den Einzelporträts nur als Anhaltspunkt betrachten sollten. Eine Brotfrucht riecht selbstverständlich nicht wie Pfirsich. Doch ob ihr Aroma nun an Pilze – wie beim ersten Schnuppern – oder an Rhabarber – wie beim Schälen für die Zubereitung – erinnert, wage ich jetzt nicht mehr eindeutig zu entscheiden. Bei exotischem Gemüse gilt dasselbe wie bei exotischem Obst: Nur durch häufiges Kosten wird es uns so vertraut, daß wir wissen, wie es schmecken soll. Und oft lernen wir sogar erst mit der Zeit, es zu „mögen", weil wir uns auch trauen, damit zu experimentieren.

Im Laufe der Recherchen lernte ich dann noch eine ganze Menge: daß es keineswegs genügt, einen „Asienladen" aufzusuchen, um Exotengemüse zu kaufen. Allein China teilt sich grob in vier ganz unterschiedliche kulinarische Regionen, Indonesien ersteckt sich über Tausende von Quadratkilometern, so daß es „die" indonesische Küche nicht gibt. Für den indischen Subkontinent gilt ähnliches, und die Thaiküche stellt ohnehin eine eigene Kunst dar. Überall auf der Erde gehört Gemüse zu bestimmten Regionen, ist Bestandteil bestimmter Traditionen: Für die Klettenwurzel kann sich außerhalb Japans offensichtlich niemand so recht begeistern, weshalb man sie auch nur konserviert bekommt. Und was im Norden Brasiliens wächst und gekocht wird, weiß man in São Paulo so wenig, wie man bei uns typische Gemüsesorten der apulischen Küche kennt. So muß man wissen, wo man was am einfachsten bekommt.

Ich lernte, die Pflanzen einzuordnen, und konnte sie jetzt auch mit vertrautem Gemüse oder mit Blumen vergleichen. Nun war die Wassermimose plötzlich nicht mehr so fremd – schließlich kannte ich ja unsere Blumenmimosen, die ich im Winter so gerne kaufe, damit ihre leuchtendgelben Blütenköpfe Farbe in trübe, verhangene Tage bringen. So habe ich in den Einzelporträts versucht, anhand solcher Vergleiche eine Vorstellung fremder Gewächse zu schaffen – für den Botaniker oftmals vielleicht kurios, für uns Laien hoffentlich hilfreich.

Im Laufe der Arbeit stieß ich auf ein Problem, das ich nicht lösen konnte: Was ist tatsächlich exotisches Gemüse und was gehört zu einer – lediglich vergessenen – Tradition? Sicher: Gemüse aus dem Fernen Osten läßt sich leicht zuordnen. Doch was ist mit kleinen Artischocken, was mit scheinbar europäischem Meeresgemüse, das aber in anderen Breiten ebenso wächst? Können wir von exotischem Gemüse sprechen, wenn wir Keniaböhnchen kaufen? Und warum ist eine große violette Aubergine ganz vertraut, eine kleine grüne dagegen „exotisch"?

Wie bei meinem Buch über Kräuter regten sich in mir um so mehr Zweifel, je mehr ich über Fakten Bescheid wußte. Deshalb bin ich dankbar für kritische Reaktionen auf diesen Guide, damit ich gegebenenfalls korrigieren kann.

Nach dieser Bitte kommt mein herzlicher Dank an alle, die mir die Suche nach exotischem Gemüse erleichtert haben: Otmar Eicher, Leo Hörmann, Heinz Antretter, Roger Ménétrey, Wilhelmine und Heinz-Wilhelm Raabe stellten mir ihr praktisches Wissen zur Verfügung, überprüften Texte und brachten notwendige Korrekturen an.
Otmar Eicher, Heidemarie Heine vom Bundessortenamt, Dirk Theobald vom Europäischen Sortenamt, Richard Brand vom Ministère de l'Agriculture GEVES Cavaillon und Karin Sedlmayer haben mich zudem bei schwierigen Recherchen unterstützt.
Elisabeth Lange, Susanne Baumann und Jeroen Koolen haben mir wichtige Literatur besorgt; Susanne Baumann hat zudem die Transkription aus dem Chinesischen überprüft.
Thomas Terlaak hat viele Einzelgespräche mit Informanten geführt und Produkte besorgt.
Angelo Aurora, Iris Bichlmaier-Zalszupin, Tutty Wilpernig, Guillermina Schröder-Roman, Janja Rieser, Maryam Rahnama, Michiyo Ernst und Michiko Yoshihara-Fink haben mir mit Informationen geholfen und/oder Rezepte zur Verfügung gestellt.
Karin Schanzenbach schließlich hat mir bei der Fertigstellung des Manuskripts geholfen.

Barbara Rias-Bucher

Exotisches Gemüse einkaufen

Exotisches Gemüse zu kaufen ist überraschend einfach – etwa wie der Einkauf von qualitativ wirklich gutem Gemüse, das man nicht unbedingt in jedem Supermarkt bekommt. Inzwischen gibt es selbst in kleineren Orten viele ausländische Lebensmittelgeschäfte. Gemüsehändler fühlen sich durch die Nachfrage ermutigt, ihr Angebot zu vergrößern, und aufgrund des Interesses einer wachsenden Zahl von Verbrauchern spezialisieren sich immer mehr Händler auf exotische Gemüse, Kräuter, Gewürze und Obst.

Natürlich macht es großen Spaß, bei all diesen Händlern einzukaufen. Oft fühlte ich mich an meine Kindheit erinnert, wenn ich meine Mutter in die damals noch reichlich vorhandenen „Tante-Emma-Läden" begleitete. Sie hielt ein Schwätzchen mit der Frau oder dem Mann hinter der Einkaufstheke, Frau X. kam dazu, man tauschte sich übers kommende Sonntagsessen aus und besprach die Qualität der Aprikosen für den Nachmittagskuchen. Damals langweilte ich mich. Heute bin ich dankbar für Kommunikation beim Einkaufen, weil man soviel dabei lernen kann, Einblick in fremde Küchen bekommt und mit einigen Tips versorgt wieder nach Hause geht. So erfuhr ich zum Beispiel beim „Afrikaner", daß man Süßkartoffeln nicht zu dünn schneiden darf, weil sie sonst trocken werden, und viele andere Informationen bei den Einzelporträts habe ich auf diese Weise während meiner Einkaufsstreifzüge gesammelt.

Bei meinen Recherchen entdeckte ich, daß es keinen Sinn hat, nach bestimmten Sorten – zum Beispiel bei Artischocken, Yams oder Gemüsebananen – zu fragen. Vieles ist für uns so neu, daß wir gar nicht vergleichen können. Es kann auch durchaus geschehen, daß Sie ein Gemüse bestellen und nicht bekommen. Bei Flugware bleiben die Kisten eben im Exportland auf dem Rollfeld stehen, wenn der Flieger voll ist. Denn ausgefallenes Gemüse wird ja nicht eigens eingeflogen, sondern

Wichtige Gemüsepflanzen der Tropen: *Papayabäume stehen kerzengerade wie Palmen, bilden weder Seitenzweige noch Äste. Auch die Blüten wachsen an eigenen Stielen dicht neben den mächtigen Blättern am Stamm (links). Die Früchte (rechts oben) hängen unterhalb der Blätter wie Spitzenklöppel dicht rund um den Baum (Mitte). Bei den Brotfruchtbäumen gleichen schon die weiblichen Blüten der reifen Frucht (unten links), die aus vielen dieser „Blütenkügelchen" (unten Mitte) zusammenwächst. Die winzigen gelbgrünen Blütenrispen (rechts) der Avocadobäume erstaunen sogar Botaniker: Ihre Anzahl ist so groß, daß aus durchschnittlich 5000 Blüten nur eine einzige Frucht entsteht. Avocados sind Steinfrüchte mit einem Samenkern wie Aprikosen und können bis zu 20 cm lang sein.*

zugeladen – entweder in Transport- oder Passagiermaschinen. Viel interessanter als Sorten erschienen mir bei verschiedenen Pflanzen die Produkte, die daraus hergestellt werden. Wer weiß schon, daß Tapiokaperlen für die Rote Grütze aus Maniokstärke bestehen.

Um unnötige Wege zu vermeiden, finden Sie im Buch eine Tabelle mit Produkten und den besten Einkaufsquellen dafür. Denn für Schwarzaugenbohnen müssen Sie sich nicht auf die Suche nach einem Afrikaladen begeben, sondern können sie im nächsten Naturkostladen holen.

Doch egal, wie Sie es angehen wollen – ob Sie lieber spontan einkaufen und Ihr Essen nach dem vorhandenen Angebot kochen oder systematisch planen und gegebenenfalls bestellen: Nehmen Sie sich das Buch wegen des Bildes mit, oder schreiben Sie die Namen der Gemüse in der Landessprache auf. Denn Lebensmittel „leben", Pflanzen erst recht, und sie tragen deshalb auch viele Namen, manchmal sogar Kosenamen. Das habe ich beim „Broccoletti" erlebt: Ich hielt dieses Wort für ein Synonym von Cima di rape. Bis mich ein Italiener am Markt aufklärte, daß es sich einfach um das uns gut bekannte Gemüse – allerdings in feinster Qualität mit besonders kleinen Röschen – handelte, um „schnuckeligen" Brokkoli eben!

	Lebensmittelhandel allgemein	Gemüsehandel allgemein	Spezialgeschäft für exot. Obst/Gemüse	Naturkostladen/Reformhaus	Asienladen allgemein	Chinaladen	Thailaden	Indonesien- und Afrikaladen	Indienladen	Türkischer/Mittelmeerladen	Lateinamerikaladen	Japanladen/Fischhändler	Gärtner/Wochenmarkt
Adzukibohne				●	●								
Alfalfasprossen			●	●	●								
Arame				●									
Artischocke	●	●											
Aubergine			●		●					●			
Augenbohne			●		●					●			
Avocado	●			●									
Bambussprossen	●				●								
Bananenblüte			●										
Barba di frate		●											●
Bittergurke						●	●						
Brotfrucht			●										
Cha-om			●										
Chayote			●										
Chinesischer Brokkoli			●				●						
Choi sam			●		●								
Cima di rapa		●								●			●
Daikonkresse		●											
Daikonrettich	●	●			●								
Dulse				●									
Flaschenkürbis			●		●								
Gemüsepapaya	●	●											
Glasschmalz		●										●	
Goabohne			●				●						
Grüne Mango			●										
Haricot de mer												●	
Hijiki				●									
Keniabohne		●	●										●
Klettenwurzel												●	
Knollenziest		●											●
Kochbanane								●					
Kombu				●									
Laitue de mer				●									

13

	Lebensmittelhandel allgemein	Gemüsehandel allgemein	Spezialgeschäft für exot. Obst/Gemüse	Naturkostladen/Reformhaus	Asienladen allgemein	Chinaladen	Thailaden	Indonesien- und Afrikaladen	Indienladen	Türkischer/Mittelmeerladen	Lateinamerikaladen	Japanladen/Fischhändler	Gärtner/Wochenmarkt
Lotuswurzel			●		●	●							
Luffa			●		●								
Malabar-Spinat							●						
Maniok					●						●		
Moschuskürbis			●				●						
Mungobohne				●					●				
Mungobohnenspossen	●			●									
Nori					●							●	
Okra		●											●
Paksoi	●	●											●
Palmenherzen	●										●		
Parkia			●		●								
Patisson		●											●
Salat-Chrysantheme			●										
Schlangengurke						●							
Schwammgurke			●		●								
Senfkohl			●		●								
Senfspinat			●		●								
Sojabohne				●	●								
Sojabohnenkeimlinge						●							
Strumpfbandbohne			●		●								
Süßkartoffel		●											
Taro					●							●	
Tomatillo	●											●	
Urdbohne				●	●								
Wachskürbis						●							
Wakame				●									
Wasserkastanie	●		●			●							
Wassermimose			●		●								
Wasserspinat			●		●								
Weinblätter	●									●			
Yam					●							●	

14

Exotisches Gemüse von A – Z

Adzukibohne

Azukibohne
Vigna angularis (Syn. *Phaseolus angularis*)

Familie der *Leguminosae* – Schmetterlingsblütler

englisch: *red bean*

französisch: *haricot dolique*

Nährwert (pro 100 g getrocknete Bohnen):
350 kcal, 1680 kJ; 22 g Eiweiß, 0,3 g Fett, 65 g Kohlenhydrate

Die Pflanze ist einjährig und wächst buschig mit etwa 12 cm langen und nur etwa 1/2 cm breiten Schoten, darin liegen 5 –12 Samen.

URSPRUNG UND VERBREITUNG ~ Adzukibohnen stammen aus Ostasien. In Japan sind sie nach den Sojabohnen die wirtschaftlich wichtigste Bohnenart.

ANBAU ~ Vor allem in Ostasien, Mittelchina, Korea, Japan, Südamerika und im Süden der USA.

IMPORTE ~ Ganzjährig: Bei uns sind sie nur getrocknet im Handel.

CHARAKTERISTIK

- Eßbar: die Samen, frisch und getrocknet.
- Form und Farbe: etwa 8 mm groß und oval; rot mit auffälligem weißem Strich am Keimansatz.
- Geschmack: mild.
- Kocheigenschaften: kochen sehr zart, zerfallen nicht und nehmen Aromen gut auf.
- Qualitätsmerkmal: in maximal 50 Minuten gar.
- Qualitätsmangel: Die Samen brauchen trotz Einweichen sehr lange zum Garen und/oder werden nicht gleichmäßig weich.

Einkaufstip

Adzukibohnen bekommen Sie in Naturkost- und Asienläden.

VERWENDUNG ~ Gegart, kalt oder warm in herzhaften und süßen Gerichten.

VORBEREITUNG

- In reichlich kaltem Wasser mindestens 6 Stunden einweichen.
- Mit dem Einweichwasser und zusätzlich frischem, kaltem Wasser oder kalter Brühe etwa 25 Minuten vorkochen.
- Werden die Bohnen etwa 24 Stunden eingeweicht, verkürzt sich die Garzeit auf knapp 20 Minuten.

AUFBEWAHRUNG

- Getrocknet: nach aufgedrucktem Haltbarkeitsdatum.
- Gegart: verschlossen im Kühlschrank etwa 3 Tage oder einfrieren.

TYPISCHE GERICHTE

- Japan: mit Klebreis garen und zum Servieren mit gerösteten schwarzen Sesamsamen bestreuen.
- China: mit Langkornreis und Zucker als süße Suppe garen.

Küchentips

- *Adzukibohnen nur so lange kochen, bis sie gerade eben weich, aber noch nicht aufgeplatzt sind.*
  - *Garzeit insgesamt: etwa 50 Minuten; bei 24 Stunden Einweichzeit nur knapp 20 Minuten.*

● Indien: mit Knoblauch, Ingwer und Chilis garen und pürieren; Knoblauch und Ingwer in Ghee (siehe Glossar) braten und das Püree damit begießen.
● International: mit Kräutern, Knoblauch, Himbeeressig und Olivenöl marinieren.

EXTRATIP ~ Das Wort kommt aus dem Japanischen und müßte in phonetisch korrekter Umschrift „Azuki" heißen. Inzwischen hat sich aber „Adzuki" eingebürgert, eine ursprünglich englische Form aus dem 19. Jahrhundert.

Alfalfasprossen

Luzerne

Medicago sativa

Familie der *Leguminosae* – Hülsenfrüchtler

englisch: *lucerne sprouts, alfalfa sprouts*

Nährwert (pro 100 g):
31 kcal, 128 kJ; 4 g Eiweiß, 0,7 g Fett, 2,1 g Kohlenhydrate

Diese zartesten aller Sprossen sind ideal für alle, die mit Ziehen, Zubereiten und Essen von Keimlingen erst beginnen.
Alfalfasprossen wachsen besonders leicht und schnell, sind gut verträglich und schmecken roh und gegart gleich gut. Die Pflanzen wurden seit dem 17. Jahrhundert als Heilpflanzen, später

19

Einkaufstips

• Auf allen Sprossen wachsen Keime.
Deshalb immer die Ware aus dem Kühlregal
nehmen und darauf achten, daß der
Folienbeutel nicht gebläht ist.
• Erhältlich bei Fachhändlern für exotisches
Obst und Gemüse, in Naturkostläden, Reform-
häusern und Asienläden.

als Grünfutter und natürlicher Dünger angebaut: Der „ewige Klee" ist nämlich vier- bis fünfmal pro Jahr zu ernten und liefert reichlich Eiweiß, Vitamine und Mineralstoffe. Seine Wurzelknöllchen enthalten Bakterien, die den Stickstoff der Luft binden und den Boden damit anreichern. Als Gemüse baut man Luzerne in Asien und Westafrika an, und über die amerikanische Naturkostbewegung kam sie auch in unsere Küchen.

URSPRUNG UND VERBREITUNG ~ Alfalfa ist mit dem Klee verwandt; sie stammt aus Vorderasien und dem Mittelmeerraum.

ANBAU ~ Alfalfasprossen werden vorwiegend von Ökobetrieben produziert und vertrieben, zum Beispiel über Naturkostläden und Reformhäuser. Man kann sie aber auch ganz leicht selber ziehen (siehe S. 205).

CHARAKTERISTIK
- Eßbar: die ganze Sprosse.
- Form und Farbe: wie zarte junge Kressesprossen.
- Geschmack: mild, erinnert an Nüsse.
- Qualitätsmerkmal: saftig wie Kräuter.
- Qualitätsmangel: Folienbeutel aufgebläht, Sprossen riechen muffig, beginnen zu schimmeln oder zu faulen.

VERWENDUNG ~ Roh oder kurz gegart.

VORBEREITUNG ~ Wie Kräuter waschen und trockenschwenken oder -tupfen.

AUFBEWAHRUNG ~ Roh maximal 1 Tag im Kühlschrank.

TYPISCHE GERICHTE

- Als Salat mit Senfdressing.
- In Brunnenkressesuppe mit Sahne.
- Mit Nudeln und Pilzen in Sahnesauce.

EXTRATIP ~ Alfalfasamen wachsen am besten im Weckglas: In der Keimschale könnten die feinen Würzelchen den Siphon verstopfen.

Küchentips

- *Viele Menschen vertragen rohe Sprossen nicht so gut; deshalb auch für Salat oder gemischte Rohkost die Sprossen kurz blanchieren.*
- *Selbstgezogene Sprossen erst unmittelbar vor dem Servieren ernten.*

Arame

Meereseiche

Eisenia bicylis

Klasse der *Phaeophyceae* – Braunalgen

englisch: *arame*

französisch: *arame*

Nährwert (pro 100 g getrocknete Arame):
272 kcal, 1140 kJ; 7,5 g Eiweiß, 0,1 g Fett,
60,6 g Kohlenhydrate

Arame wächst wild auf felsigem Untergrund wenige Meter unter der Meeresoberfläche. Die ovalen, dünnen und fast durchsichtigen Thalli (siehe Glossar) dieser Alge sind lederartig zäh und erinnern entfernt an Eichenblätter – allerdings von gewaltigen Ausmaßen: bis zu 30 cm lang und 3–4 cm breit.

Einkaufstip

URSPRUNG UND VERBREITUNG ~ Algen kommen weltweit vor, Arame gedeiht am besten in der japanischen See und an der südamerikanischen Pazifikküste.

ANBAU ~ Man erntet die jungen Pflanzen im Frühling mit der Hand und kocht sie in etwa 7 Stunden weich. Nach dem Trocknen in der Sonne werden sie in feine Streifen geschnitten.

IMPORTE ~ Getrocknete und geschnittene Arame ganzjährig aus Japan.

CHARAKTERISTIK
- Eßbar: die ganze Pflanze.
- Aussehen: Knäuel schwarzgrüner Fäden, etwas dünner als Hijiki (siehe S. 88).
- Geruch: getrocknet schwach nach Fisch, eingeweicht intensiver.
- Geschmack: leicht süß und angenehm mild, nach Meer und leicht nach Fisch.

VERWENDUNG ~ Gegart.

VORBEREITUNG
- Kalt abspülen.
- 10 Minuten in reichlich kaltem Wasser einweichen, bis das Volumen etwa fünfmal so groß ist.
- Mit dem Einweichwasser in einen Topf geben, eventuell

Küchentips

- *Trockene Arame wie Holzwolle auseinanderzupfen und/oder mit einer Küchenschere kleinschneiden.*
- *Eingeweicht oder gekocht am besten auf einem Küchenbrett mit einem scharfen Messer zerkleinern.*
- *Das Einweichwasser von Arame färbt sich dunkelbraun; man kann es verwenden.*
- *Beim Garen werden Arame durch einen Schuß Reisessig oder Mirin (siehe Glossar) aromatischer und zarter.*

soviel frisches Wasser zugießen, daß die Arame davon bedeckt sind, aufkochen und etwa 30 Minuten kochen lassen.

AUFBEWAHRUNG

- Kühl, trocken und dunkel gelagert halten sie sich monatelang.
- Aus der angebrochenen Packung in ein verschließbares Glas umfüllen.
- Feucht gewordene Algen kann man im Backofen bei 50 °C wieder trocknen.

TYPISCHE GERICHTE

- Japan: mit Möhren und Tofu sautieren (siehe Rezept S. 210);
- International: halb gar kochen, mit Shoyu (siehe Glossar), Reisessig und Mirin würzen und kochen, bis die Flüssigkeit verdampft ist, mit sautierten Shiitake-Pilzen mischen.
- Makrobiotisch: kochen und dann mit gegarten grünen Erbsen, geraspelten Möhren, sautierten Sojabohnenkeimlingen, Reisessig, Sesamöl und geröstetem Sesam als Salat zubereiten.

EXTRATIP ~ Arame schmeckt viel milder als anderes Meeresgemüse und eignet sich deshalb besonders gut für eine erste Kostprobe. Es paßt gut zu allen fernöstlichen Würzen, zu Lauchzwiebeln, Knoblauch, Spinat und Chinakohl.

Artischocke

Cynara scolymus

Familie der *Compositae* – Korbblütler

englisch: *artichoke*

französisch: *artichaut*

Nährwert (pro 100 g):
48 kcal, 201 kJ; 2,4 g Eiweiß, 0,1 g Fett,
9,5 g Kohlenhydrate

Artischocken gehören zu den Disteln; das erkennt man an den harten Blattspitzen und dem „Heu" in der Mitte der großen runden Blüten. An den rauhen Stielen mancher Sorten sitzen kleine Dornen.

URSPRUNG UND VERBREITUNG ~

Eine ähnliche Wildform kommt im südwestlichen Mittelmeerraum vor. Die Artischocke selbst ist nur als Kulturpflanze bekannt – das aber schon ziemlich lange: Bei Griechen und Römern der klassischen Antike galt sie bereits als eines der edelsten Gemüse, obgleich man Spargel damals noch lieber mochte. In den kulinarischen Olymp stieg sie schließlich während der Renaissancezeit auf, sicher wegen ihres delikaten Geschmacks, vielleicht auch wegen ihrer schönen Form – kein anderes europäisches Gemüse erinnert dermaßen an eine Blume wie sie. In Frankreich und England war sie deshalb für die höfische Tafel, zumindest für die Tische der Reichen reserviert. Bei den Italienern dagegen, die von allen Europäern vermutlich am meisten vom Essen verstehen, wurde sie auch von Bauern und Bürgern gekocht. Noch heute finden Sie die größte Vielfalt an raffinierten und trotzdem einfachen Artischockengerichten in Italien.

Einkaufstips

• *Große runde Artischocken bekommen Sie von Mitte Mai bis Ende November bei allen Gemüsehändlern und in vielen Supermärkten.*

• *Kleine junge oder spitz zulaufende Artischocken gibt es im Winter bis ins späte Frühjahr bei vielen Gemüsehändlern.*

ANBAU ～ Artischocken gedeihen in gemäßigt-warmem Klima, werden in allen Ländern rund ums Mittelmeer, in der Bretagne und den USA kultiviert. In Deutschland wachsen die frostempfindlichen Pflanzen in der Pfalz und an der Bergstraße. Die Blütenköpfe mit Stiel und Blättern werden mit der Hand geerntet und ähnlich wie Wein in großen Kiepen gesammelt.

IMPORTE ～ Aus Italien von November bis Juni mit Schwerpunkt im April und Mai, aus Frankreich von Frühjahr bis Herbst mit Schwerpunkt im Juni und Juli, aus Spanien von Anfang Oktober bis Ende Mai und von Anfang Dezember bis Ende Juli, aus Ägypten von November bis Mai, aus Tunesien von Mitte November bis Ende Februar.

CHARAKTERISTIK

● Eßbar: je nach Sorte ganz oder nur Blattenden und Blütenboden.
● Form: je nach Sorte rund, oval oder spitz zulaufend.
● Größe: je nach Sorte oder Erntezeitpunkt wie die Knospe einer Edelrose und bis zu 13 cm im Durchmesser.
● Farbe: je nach Sorte von grün über grünviolett bis violett.
● Geruch: aromatisch und ein wenig nach Heu.
● Geschmack: aromatisch, würzig nach Nüssen und zartbitter.
● Qualitätsmerkmal: straffe Blätter.
● Qualitätsmängel: an den Rändern eingerollte und trockene Blätter; grüne Sorten fleckig.

VERWENDUNG

● Große runde Artischocken nur gegart.
● Junge und/oder spitze Exemplare gegart oder roh.

VORBEREITUNG ~ Waschen, den Stiel abbrechen, äußere Blätter entfernen, harte Blattspitzen abschneiden.

AUFBEWAHRUNG ~ Etwa 1 Woche im Kühlschrank.

TYPISCHE GERICHTE

- Süditalien: kleine Exemplare längs in Scheiben schneiden, mit Olivenöl im Ofen schmoren und heiß mit Parmesanspänen servieren.
- Frankreich: mittelgroße Exemplare mit einer Mischung aus geriebenem Weißbrot, gewürfelten Tomaten, Pfefferminze, Knoblauch und Ei füllen, in Olivenöl und Zitronensaft garen und kalt servieren.
- England: Salat mit gekochten, gewürfelten Artischockenböden, Kartoffeln und Schnittlauchröllchen, mit etwas Mayonnaise binden.
- USA: gegrillte Hähnchenbrust mit Kräutern, dazu in Olivenöl gebratene Artischocken und Frühlingszwiebeln.
- Brasilien: walnußgroße Artischocken als Salat.
- International: Artischockensuppe.

Küchentips

- *Zitronensaft statt Essig im Kochwasser schmeckt besser.*
- *Säure mildert das Dunkelwerden, verhindert es aber nicht.*
- *Zum Dippen oder Füllen große runde Artischocken nehmen.*
- *Füllen geht einfacher, wenn Sie die Artischocken zuerst wie gewohnt kochen, die Blätterkappen, auseinanderbiegen und das nun weiche Heu mit einem Eßlöffel herauskratzen.*
- *Mittelgroße, kleine oder spitze Artischocken können Sie nach dem Kappen der Blattspitzen in Stücke schneiden und garen.*
- *Artischocken in der Größe einer Rosenknospe können Sie roh essen oder im Ganzen garen.*

EXTRATIP ~ Ob Sie eine mittelgroße Artischocke ganz essen können, sehen Sie beim Halbieren: Bei jungen Blüten ist das Heu in der Mitte noch ein zarter Flaum, und Sie brauchen nur die harten Blattspitzen um etwa 1/3 abzuschneiden. Bei spitzen Artischocken geht der Blütenboden gleich in die Blattenden über; auch hier brauchen Sie nur die harten Blattspitzen zu entfernen. Runde Artischocken mit mehr als 3 cm Heu in der Mitte eignen sich ausschließlich zum Dippen und/oder Füllen.

Aubergine

Eierfrucht

Solanum melongena; Solanum macrocarpon; Solanum aethiopicum

Familie der *Solanaceae* – Nachtschattengewächse

englisch: *aubergine, egg plant*

französisch: *aubergine, melongène, béringène, mayenne*

Nährwert (pro 100 g):
17 kcal, 72 kJ; 1,2 g Eiweiß, 0,2 g Fett,
2,5 g Kohlenhydrate

Läßt man sie wild wachsen, so werden Auberginenpflanzen bis zu 3 m hohe Büsche und verholzen nach einigen Jahren. Im kultivierten Anbau aber entwickeln sie sich wie Stauden mit etwa 1 m hohen, relativ dünnen, grünen Stengeln, die man wie Tomatenpflanzen stützen muß. Die dekorativen Blüten erinnern an Clematis, sind 3 bis 5 cm groß und bei manchen Arten weiß, meist aber hell- bis dunkelviolett. Die Früchte – botanisch Beeren – entwickeln sich je nach Sorte ganz unterschiedlich in Form, Größe und Farbe: Manche erinnern an kleine grüne Erbsen, andere an große dunkelviolette Keulen.

URSPRUNG UND VERBREITUNG ~ Die Aubergine ist das einzige Gemüse aus der Familie der Nachtschattengewächse, das aus der Alten Welt kommt; die mit ihr verwandten Paprikaschoten, Tomaten und Kartoffeln stammen alle aus Mittel- und Südamerika. Wilde und erste kultivierte Auberginen gab es vermutlich im tropischen Indien; dort findet man noch heute

29

die größte Vielfalt an Sorten. Die Araber scheinen die Früchte zu Beginn des 13. Jahrhunderts nach Spanien, die Perser nach Afrika gebracht zu haben.

Einkaufstips

- *Violette, längliche und rundliche Auberginen bekommen Sie überall.*
- *Runde weiße, pflaumengroße grüne oder gelbe auf großen Märkten, bei Fachhändlern für exotisches Obst und Gemüse, in türkischen und asiatischen Läden.*

ANBAU ~ Auberginen wachsen in fast allen klimatisch gemäßigten Regionen, in den Subtropen und Tropen. Weiter nördlich gedeihen sie nur in Gewächshäusern, weil sie eine konstante Durchschnittstemperatur von etwa 20 °C brauchen. Die mehrjährigen Pflanzen werden im erwerbsmäßigen Anbau nur einjährig kultiviert.

IMPORTE
- Längliche und rundliche dunkelviolette Früchte: ganzjährig aus Italien, Frankreich, Marokko und der Türkei.
- Längliche violettfarbene Früchte: aus Italien von Mai bis Oktober, aus Südfrankreich im Mai und Juni, aus der Türkei von Mai bis September, aus Brasilien von Dezember bis Mai.
- Runde, kleine, weiße oder violette Früchte: aus Ägypten von Februar bis Anfang April.
- Runde, kleine, grüne Früchte: unregelmäßig aus Thailand.

CHARAKTERISTIK
- Eßbar: reife und unreife Frucht, Blätter.
- Ungenießbar: Stielansatz mit stacheligem Blattkranz.
- Form: je nach Sorte rund, länglich, ei-, wurst- oder birnenförmig.
- Größe: runde Früchte je nach Sorte wie Kirschtomaten oder Pflaumen; längliche Früchte 10–30 cm lang, 5–10 cm dick und bis zu 1 kg schwer.
- Farbe: je nach Sorte reinweiß, cremeweiß, grün, gelb, hellviolett oder dunkelviolett.
- Geruch: neutral.

- Geschmack: neutral mit leicht erdigem Beigeschmack.
- Qualitätsmerkmale: glatte, wie Lack glänzende Schale, die Frucht liegt angenehm samtig in der Hand und gibt auf Druck leicht nach; die Samen sind klein.
- Qualitätsmängel: matte oder runzelige Schale; hartes, faseriges Fruchtfleisch mit großen Samen, das schon beim Aufschneiden braun wird; unangenehm weiche Früchte sind nicht überreif, sondern falsch gelagert.

VERWENDUNG ~ Gegart.

VORBEREITUNG ~ Waschen und die Stielansätze abschneiden.

AUFBEWAHRUNG ~ Im Kühlschrank etwa 1 Woche.

TYPISCHE GERICHTE
- Indien: geschlagenen Joghurt mit Frühlingszwiebelröllchen, Minze, Salz, Cayennepfeffer und schwarzem Pfeffer würzen, gedämpfte Auberginenwürfel unterziehen.
- Italien: mit Weißbrot, Sardellenfilets, schwarzen Oliven, Knoblauch, Petersilie und Kapern füllen und im Ofen backen.
- Traditionelle arabische Küche: Brathuhn mit einer Füllung aus Auberginen, Knoblauch, Mandeln und Koriander.
- Iran: würfeln, mit Tomaten schmoren, mit verquirlten Eiern übergießen und stocken lassen.

Küchentips

- *Kleine Auberginen enthalten weniger Wasser und sind aromatischer.*
- *Vorsicht beim Putzen: manche Auberginensorten tragen scharfe Stacheln am Stielansatz.*
- *Aufgeschnitten verfärben sich die Früchte rasch braun; mit dem Saft von Zitrusfrüchten kann man das verzögern, nicht verhindern.*
- *Auberginen nehmen am wenigsten Öl auf, wenn man sie bei schwacher Hitze langsam brät.*

EXTRATIP ~ Früher enthielten Auberginen reichlich Bitterstoffe. Man hat die Scheiben deshalb mit Salz bestreut, aufeinandergeschichtet und sogar noch beschwert, damit beim Ziehen möglichst viel bitterer Saft austrat. Selbst in modernen Kochrezepten finden Sie noch immer den Rat, Auberginen vor der Zubereitung einzusalzen, doch das ist bei den modernen milden Züchtungen nicht mehr nötig.

WICHTIGE SORTEN

Hellviolette lange Früchte
- Typisch für Asien.
- Merkmal: Hier ist die hellviolette Schale Zeichen von Reife, bei dunkelvioletten Früchten würde sie Überreife anzeigen.
- Verwendung: wie die europäische Aubergine.
- Einkaufsquelle: türkische und asiatische Läden.

Lange grüne Früchte
- Typisch für Asien, vor allem Indien und Thailand.
- Merkmal: lang, sehr schlank und lindgrün.
- Verwendung: Zutat zu Nam Prik, dem thailändischen Würzdip; in Scheiben geschnitten, in Ei gewendet und in Öl gebraten.
- Einkaufsquelle: asiatische, vor allem thailändische Läden.

Kleine grüne Früchte
- Typisch für Thailand.
- Merkmal: rund und etwa so groß wie ein Pingpongball; festfleischig und sehr aromatisch.
- Verwendung: roh zu Nam Prik oder als Curry.
- Einkaufsquelle: Fachhändler für exotisches Obst und Gemüse, Asienläden.

Kleine gelbe Früchte
(Solanum macrocarpon)
- Typisch für Afrika.
- Merkmal: rund 6–8 cm groß, zuerst weißlich-grün, bei Reife orange-gelb.
- Verwendung: die Früchte gekocht, die Blätter wie Spinat zubereitet.
- Einkaufsquelle: Fachhändler für exotisches Obst und Gemüse, Afrikaläden.

Erbsengroße runde Früchte

(Solanum torvum)

- Typisch für Asien, vor allem Thailand.
- Merkmal: bitter.
- Verwendung: Zutat für Nam Prik, als Dekoration auf Curry-gerichten und für medizinische Zwecke.
- Einkaufsquelle: Fachhändler für exotisches Obst und Gemüse, Thailäden.

Augenbohne

Schwarzaugenbohne, Kuherbse

Vigna unguiculata ssp. *unguiculata*

Familie der *Leguminosae* – Schmetterlingsblütler

englisch: *black-eyed pea, cowpea*

französisch: *haricot dolique*

Nährwert: keine Angaben verfügbar

Sie gehört zur Gruppe der Spargelbohnen, die wegen der Schoten, Samen und Blätter kultiviert werden. Die getrockneten Samen gibt es auch bei uns, Blätter sowie frische und konservierte Schoten nur in den Anbauländern.

URSPRUNG UND VERBREITUNG ~ Augenbohnen stammen aus Zentralafrika und wurden vermutlich bereits vor etwa 5000 Jahren in Ägypten angebaut. Im Mittelmeerraum sind sie als Gemüse und Hülsenfrucht mindestens seit der Zeitenwende bekannt: Die Gelehrten der Antike, Plinius, Galen und Columella, beschreiben eine Bohnensorte, die moderne Wissenschaftler als Augenbohne identifizieren konnten.

ANBAU ~ Augenbohnen werden vor allem in Afrika, den Mittelmeerländern und den USA angebaut.

IMPORTE ~ Ganzjährig, bei uns nur getrocknet im Handel.

Einkaufstip

Augenbohnen bekommen Sie in türkischen Lebensmittelgeschäften, Naturkost- und Asienläden.

CHARAKTERISTIK
● Eßbar: die Samen.
● Form und Farbe: weiß mit einem auffälligen schwarzen Punkt am Keimansatz.
● Geschmack: mild.
● Kocheigenschaft: zerfallen nicht beim Kochen, nehmen Aromen gut auf.
● Qualitätsmerkmal: in maximal 60 Minuten gar.
● Qualitätsmangel: wenn die Samen trotz Einweichen sehr lange zum Garen brauchen und/oder nicht gleichmäßig weich werden.

VERWENDUNG ~ Gegart kalt oder warm.

VORBEREITUNG
● In reichlich kaltem Wasser mindestens 6 Stunden einweichen.
● Mit dem Einweichwasser und zusätzlich frischem, kaltem Wasser oder kalter Brühe in etwa 25 Minuten vorkochen.
● Garzeit insgesamt: etwa 50 Minuten, maximal 60 Minuten.

AUFBEWAHRUNG
● Getrocknet: nach aufgedrucktem Haltbarkeitsdatum.
● Gegart: verschlossen im Kühlschrank etwa 3 Tage oder einfrieren.

Küchentips

- *Augenbohnen nur so lange kochen, bis sie gerade eben weich, aber noch nicht aufgeplatzt sind.*
- *Für Püree die Häute der eingeweichten Bohnen abreiben (siehe Rezept S. 216).*

TYPISCHE GERICHTE

● Nigeria: Bohnenpaste in Bananenblättern gegart (siehe Rezept S. 216).

● Türkei: garen, mit gedünstetem Spinat oder Mangold mischen, mit Paprikaflocken und Zitronensaft würzen, lauwarm oder kalt als Vorspeise servieren.

● USA: garen und mit roten Paprikaschoten, Frühlingszwiebeln, eingelegten Pfefferschoten, Knoblauch, Thymian, Zitronensaft, Senf und Olivenöl als Salat zubereiten.

EXTRATIP ～ Die jungen Blätter von Augenbohnen ißt man in Afrika als Gemüse und in dicken Saucen zu Reis oder Getreide. Aus Westafrika stammen Frikadellen mit Hirse und den gestampften Blättern der Bohnen, die über Dampf gegart und mit gewürzter Butter angerichtet werden.

Avocado

Avocadobirne, Avocat, Alligatorbirne, Butterfrucht

Persea americana

Familie der *Lauraceae* – Lorbeergewächse

englisch: *avocado*

französisch: *avocat*

Nährwert (pro 100 g):
230 kcal, 962 kJ; 1,9 g Eiweiß,
23,5 g Fett, 1 g Kohlenhydrate

Avocados wachsen an 10 bis 20 m hohen Bäumen mit blaugrünen Blättern mit ausgeprägten Adern – ein Zeichen ihrer Verwandtschaft mit dem Lorbeer. Beim kultivierten Anbau werden die Bäume auf etwa 5 m gehalten, damit man besser ernten kann. Die winzigen, gelbgrünen Blüten bilden dichte Rispen und erstaunen sogar Botaniker: Ihre Anzahl ist so groß, daß aus durchschnittlich 5000 Blüten nur eine einzige Frucht entsteht. Avocados sind Steinfrüchte mit einem Samenkern wie Aprikosen und können bis zu 20 cm lang werden. Mini-Avocados ohne Kern sind durch Mutation zufällig entstanden und werden seit den 60er Jahren gezüchtet; Kenner zählen sie zu den edelsten Sorten.

URSPRUNG UND VERBREITUNG ～ Avocados sind bereits vor 8000 Jahren in Mexiko und Guatemala angebaut worden; der Name ist eine Ableitung des Azteken-Wortes *ahuakatl*. Um 1600 brachten die Europäer sie nach Südspanien, 1833 nach Florida, schließlich Mitte des 19. Jahrhunderts nach Kalifornien und Asien. Die Früchte, die wir heute essen, stammen von drei

37

Einkaufstips

- *Große Avocados bekommen Sie überall im Lebensmittelhandel.*
- *Mini-Avocados bei Fachhändlern für exotisches Obst und Gemüse.*

Urformen ab: dem fettreichen, dünnschaligen mexikanischen Typ aus dem Hochland von Mexiko, dem rauhschaligen Guatemala-Typ aus dem Hochland von Zentralamerika und dem „mageren" westindischen Typ mit glatter, lediger Schale und großem Kern, der aus dem zentralamerikanischen Tiefland stammt.

ANBAU ~ Je nach Typ wachsen Avocados in den Subtropen und Tropen: Die mexikanische Avocado verträgt Frost bis −3 °C und gedeiht auch im Mittelmeerraum. Die Avocado aus Westindien braucht tropische Temperaturen. Die Bäume sind widerstandsfähig gegen Schädlinge, so daß man in Avocado-Plantagen fast keine Pflanzenschutzmittel braucht. Je nach Sorte werden die Früchte 9–18 Monate nach der Blüte gepflückt, wenn sie reif, aber noch hart sind.

IMPORTE ~ Normale große Avocados mit Kern das ganze Jahr über aus allen Kontinenten. Mini-Avocados aus Kenia und Israel.

CHARAKTERISTIK
- Eßbar: Fruchtfleisch.
- Ungenießbar: Schale, Kern.
- Form: je nach Sorte rundlich, oval wie ein Ei oder länglich wie eine Birne.
- Größe: von Eigröße bis ca. 300 g.
- Schale: je nach Sorte dünn, glatt, dick und runzelig oder rauh wie Sand.
- Farbe: glänzend hellgrün bis matt dunkelgrün und fast schwarz.
- Fruchtfleisch: gleichmäßig grün oder cremefarben, weich wie streichfähige Butter.
- Geruch und Geschmack: sahnig, nußartig.
- Reife: Früchte sind weich wie eine reife Banane mit schwarzen Pünktchen auf der Schale, der Stielansatz läßt sich leicht

auszupfen; bei manchen Sorten ändert sich die Schalenfarbe von grün zu dunkelgrün bis schwarz.

- Unreife: Früchte sind hart und noch ohne Aroma.
- Qualitätsmängel: unreife, zu früh gepflückte Früchte sind außen schrumpelig und entwickeln auch beim Lagern kein Aroma; schwarze Schlieren im Fruchtfleisch entstehen durch Druckstellen, die man von außen nicht unbedingt sieht.

VERWENDUNG ~ Roh oder kurz erhitzt.

VORBEREITUNG

- Kern auslösen: Ungeschälte Frucht der Länge nach rundherum bis zum Kern einschneiden, die Hälften leicht gegeneinander drehen und lösen; die Messerschneide so kräftig in den Kern schlagen, daß sie steckenbleibt, und den Kern herauslösen.
- Große Früchte: die Hälften schälen, mit der Höhlung nach unten auf die Arbeitsfläche legen und in Scheiben schneiden.
- Große Früchte und Mini-Avocados: Fruchtfleisch mit einem Eßlöffel oder Kugelausstecher aus den Schalen holen.

AUFBEWAHRUNG

- Ganze reife Früchte 4–10 Tage im Kühlschrank.
- Aufgeschnittene reife Früchte in Folie gewickelt 1 Tag im Kühlschrank.
- Nachreifen: 2–10 Tage bei Zimmertemperatur.
- Nachreife beschleunigen: Avocados mit Äpfeln oder Bananen in eine Papiertüte legen – diese Früchte geben das Reifegas Ethylen ab.

TYPISCHE GERICHTE

- Mexiko: Guacamole ist ein Dip aus Avocadopüree, Limettensaft und zerkleinertem Koriander.
- Frankreich: mit Gemüsebrühe und Zitronensaft pürieren, mit Crème fraîche erhitzen und als Suppe mit Knoblauchcroûtons servieren.
- USA: mit Joghurt, Zitrussaft und Ahornsirup pürieren, mit Minzezweigen als Dessert anrichten.
- International: mit Shrimps und einer Sauce aus Kräutern, Zwiebelwürfeln und etwas saurer Sahne, eventuell auch Tomatenwürfeln füllen.

Küchentips

• *Aufgeschnittene Avocados sofort mit dem Saft von Zitrusfrüchten beträufeln, damit sich das Fruchtfleisch nicht verfärbt.*

• *Avocados kann man bis unter den Siedepunkt erhitzen; Aufkochen, längeres Heißhalten und Einfrieren sind nicht empfehlenswert: Die Avocados werden dadurch bitter.*

●Vegetarisch: roh mit Zitronensaft, Pfeffer und Salz zum Auslöffeln.

EXTRATIP ～ Eine aufgeschnittene Avocado verfärbt sich auch mit Kern; das Braunwerden kann mit Zitronensaft oder durch Einwickeln in Folie hinausgezögert, aber nicht verhindert werden.

Bambussprossen

Bambusschößlinge

Phyllostachys sp., *Bambusa* sp. und *Dendrocalamus* sp.

Familie der *Gramineae* – Gräser

englisch: *bamboo shoots*

französisch: *pousses de bambou*

Nährwert (pro 100 g):
17 kcal, 72 kJ; 2,5 g Eiweiß, 0,3 g Fett, 1 g Kohlenhydrate

Bambus gehört in den Tropen zu den wichtigsten Nutz-hölzern für die Möbel-, Papier- und Bauindustrie. Viele der über 200 Gattungen und Arten liefern außerdem ein Traditionsgemüse der fernöstlichen Küche: die Sprosse, die aus dem Rhizom (siehe Glossar) wächst. Auch Spargel und Ingwer sind Pflanzen, die sich auf diese Weise vermehren; doch während man bei Spargel und Bambus die Sprossen verwendet, ißt man bei Ingwer nur das Rhizom.

URSPRUNG UND VERBREITUNG ~ Bambus ist in China heimisch und hat sich in verschiedenen Gattun-gen weltweit verbreitet; selbst bei uns wächst er als Sichtschutz in vielen Gärten. Die Ausmaße in den Tro-pen sind gewaltig: Die Pflanzen bilden ganze Wälder mietshaushoher Stangen, die sich dennoch so elegant im Wind biegen wie die kleinen schlanken Gerten der Ziergehölze bei uns.

ANBAU ~ Bambussprossen werden eigens in Gemüsekulturen gezogen und zum Teil auch als Nebenprodukt in natürlichen oder für die industriel-le Nutzung angelegten Hainen geerntet. Man sticht nur die neuen Schößlinge, die zwischen den älte-ren wachsen, und unterscheidet je nach Jahreszeit und Reifegrad drei Kategorien:

Einkaufstips

- *Je kleiner die Sprosse, desto zarter ist sie; je weniger grün, desto süßer.*
- *Frische große Frühlingsbambussprossen bekommen Sie unregelmäßig und/oder auf Bestellung in Asienläden und bei Fachhändlern für exotisches Obst und Gemüse.*
- *Besonders feine Wintersprossen muß man immer bestellen.*
- *In Dosen konservierte Bambussprossen gibt es immer in der Asienecke von Warenhäusern und Supermärkten.*

- Große Frühlingssprossen mit behaarten Hüllblättern, mit bis zu 10 cm Durchmesser an der Basis und bis zu 30 cm Länge.
- Edle, zarte Sommerbambussprossen erinnern an dünne Spargel – außerhalb Chinas bekommt man sie praktisch nicht.
- Wintersprossen werden geerntet, wenn sie noch unter der aufgehäufelten Laubdecke ruhen oder gerade eben zu sprießen beginnen.

IMPORTE ~ Frisch ganzjährig aus Brasilien, in Dosen das ganze Jahr über aus Hongkong, Taiwan, Japan oder den USA.

CHARAKTERISTIK
- Eßbar: junge Sprossen, die noch nicht verholzt sind.
- Form: gedrungen und kegelförmig mit deutlicher Spitze, 10–30 cm lang und mit ca. 7 cm Durchmesser an der Basis, etwa 150–200 g schwer, eng umhüllt von schuppenförmigen, spitzen Blättern.
- Farbe: cremefarben, beige-violett bis gelb.
- Fleisch: weiß bis gelblich; knackig wie knapp gekochter Spargel.
- Geruch: erinnert schwach an Pilze mit einem Hauch von Käse.
- Geschmack: knackig, erinnert an Spargel.
- Qualitätsmangel: schwammiges, watteartiges, aber feuchtes Fleisch, eventuell mit braunen Flecken.

VERWENDUNG ~ Gegart.

VORBEREITUNG

- Waschen und die äußeren Blätter abziehen.
- Mit einem scharfen Messer den harten unteren Teil und die Spitze entfernen.
- Die Sprosse wie eine Porreestange längs einritzen und alle Blätter entfernen; den oberen Teil direkt am Ansatz der fleischigen Sprosse abbrechen.
- In kaltes Wasser geben und kochen, bis die Sprosse nicht mehr bitter schmeckt: Das dauert bei der ganzen Sprosse etwa 40 Minuten bei Stücken 10–15 Minuten.
- Abgießen und kosten: Falls die Sprosse noch immer bitter schmeckt, muß man sie erneut kochen, sonst dem Rezept entsprechend weiterverarbeiten.
- Sprossen aus der Dose: kalt abspülen und zerkleinern.

AUFBEWAHRUNG

- Frisch und ungeschält im Kühlschrank einige Wochen, deshalb jeweils nur soviel abschneiden, wie man braucht.
- Vorgekochte Stücke einfrieren.
- Sprossen aus der Dose in eine Kühlbox geben; mit Wasser bedeckt im Kühlschrank etwa 1 Woche; das Wasser täglich wechseln.

Küchentips

- *Die Sprossen in Suppen oder im Wok etwa so lange wie frische grüne Bohnen garen.*
- *In der fernöstlichen Küche gelten Bambussprossen als „kühles Gemüse", deshalb mit wärmenden Zutaten wie z. B. Fleisch zubereiten.*
- *In vegetarischen Gerichten „heiße" Zutaten (Senfsprossen, Knoblauch, Ingwer) und mehr Öl verwenden oder die Sprossen fritieren.*

TYPISCHE GERICHTE

- Japan: mit Wakame (siehe S. 209), Sojasauce, Zucker, Dashi-Brühe und Mirin (siehe Glossar) kochen, bis die Flüssigkeit dick ist.
- Vietnam nach China-Art: mit Tofu, frischen Pilzen, Frühlingszwiebeln und Knoblauch im Wok braten, mit Hoisinsauce (siehe Glossar), Reisessig, schwarzem Pfeffer würzen, mit gerösteten Erdnüssen anrichten.
- China: in sauerscharfer Suppe mit Mu-Er-Pilzen, Paprikaschoten, Schweinefleisch und Eiern, gewürzt mit Essig, Sojasauce und Chili.

ACHTUNG ~ Frische Bambussprossen darf man nicht roh essen: sie enthalten giftige Blausäure, die sich beim Kochen ganz verflüchtigt. Bambus aus der Dose ist bereits gegart.

Bananenblüte

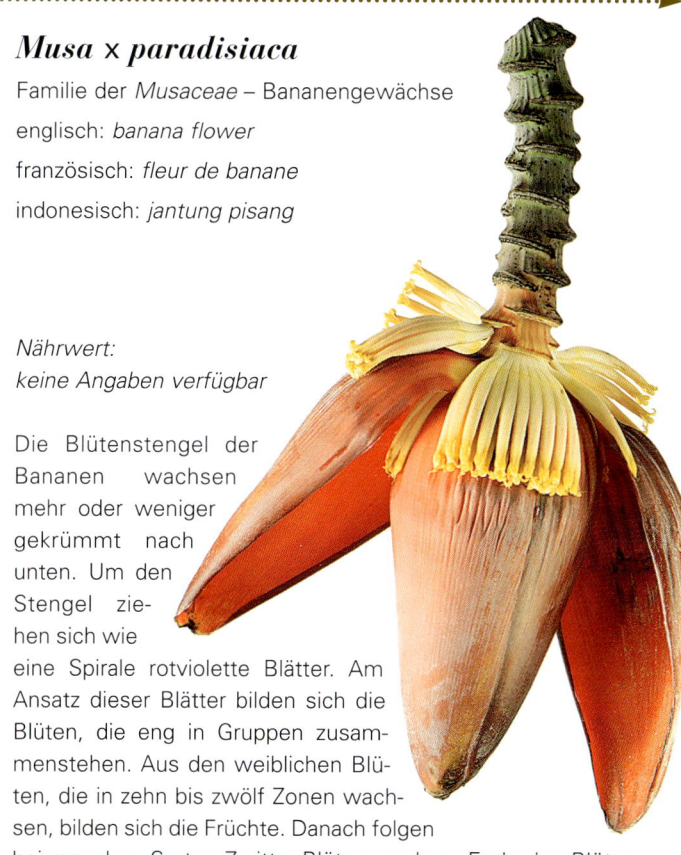

Musa x paradisiaca

Familie der *Musaceae* – Bananengewächse

englisch: *banana flower*

französisch: *fleur de banane*

indonesisch: *jantung pisang*

Nährwert:
keine Angaben verfügbar

Die Blütenstengel der Bananen wachsen mehr oder weniger gekrümmt nach unten. Um den Stengel ziehen sich wie eine Spirale rotviolette Blätter. Am Ansatz dieser Blätter bilden sich die Blüten, die eng in Gruppen zusammenstehen. Aus den weiblichen Blüten, die in zehn bis zwölf Zonen wachsen, bilden sich die Früchte. Danach folgen bei manchen Sorten Zwitter-Blüten, und am Ende des Blütenstengels stehen schließlich die männlichen Blüten. Aus diesen beiden Blütentypen entwickeln sich keine Früchte; doch während man die Zwitter kulinarisch nicht nutzt, sind männliche Blüten in Asien ein beliebtes Gemüse.

URSPRUNG UND VERBREITUNG ~ Siehe Kochbananen (siehe S. 98).

ANBAU ~ Bananenblüten werden nicht eigens gezogen; sie fallen beim Plantagenbau der Früchte an. Die Blüten werden geschnitten, sobald sich aus den weiblichen Blüten Fruchtknoten entwickeln.

IMPORTE ~ Unregelmäßig im Sommer aus Thailand und Vietnam.

CHARAKTERISTIK

- Eßbar: die inneren zarten Hüllblätter und der fleischige Kolben in der Mitte.
- Ungenießbar: die äußeren, harten, rotbraunen oder violetten Hüllblätter.
- Form: spitz zulaufend wie ein Maiskolben mit Hüllblättern.
- Größe: wie Bananen, von Fingerlänge bis etwa 50 cm.
- Farbe: Hüllblätter von rotbraun über lavendelfarben oder violett bis zu hellbeige oder cremefarben; Kolben: cremefarben bis weißgelb.
- Geruch: neutral.
- Geschmack: erinnert an Artischockenböden.

Küchentips

- *Bananenblüten eignen sich für den Holzkohlengrill: Mit den äußeren Hüllblättern in die heiße Asche legen und weich backen.*
- *Mit heißer Kräuteroder Kokosmilchsauce zu Fleisch, Fisch oder Kartoffeln vom Grill servieren.*

VERWENDUNG ~ Gegart.

VORBEREITUNG ~ Die Stielansätze wie bei Artischocken abschneiden, die äußeren Hüllblätter wie bei Zuckermais abziehen, bis die hellen inneren Blätter zu sehen sind.

AUFBEWAHRUNG ~ In einem kühlen Raum etwa 1 Woche.

TYPISCHE GERICHTE

- Indonesien: in Salzwasser mit etwas Zitronensaft kochen, abkühlen und in Scheiben schneiden, mit Schalotten in Kokosmilch schmoren.
- Thailand: mit Reisnudeln, Schweinefleisch, Tofu, eingelegtem Rettich und Chilischoten braten.
- Brasilien: Bananenblütensalat (siehe Rezept S. 207).
- International: wie Artischocken kochen und mit Saucen zum Dippen anrichten.

Barba di frate

Kapuzinerbart, Mönchsbart, Schlitzwegerich

Plantago coronopus

Familie der *Plantaginaceae* – Wegerichgewächse

englisch: *buck's horn plantain*

französisch: *corne de cerf*

Nährwert:
keine Angaben verfügbar

Barba di frate ist eigentlich ein Wildkraut, das in Küstenregionen auf salzreichen, feuchten Böden wächst. Inzwischen wird es auch als Gemüse gezogen und gehört vor allem zur italienischen Küche. Es gibt zwei Wildformen: eine mit schmalen, doch auffallend gezähnten Blättern, und eine mit glatten Blättern. So sieht auch das Gemüse aus, dessen lange glatte Blätter in Form und Länge an Piniennadeln erinnern, aber weich und fleischig sind.

URSPRUNG UND VERBREITUNG ～ Es gehört zur großen Wegerichfamilie, die in Mittel- und Südeuropa, Nordafrika und Vorderasien seit Jahrhunderten für Heilzwecke genutzt wird: Frisch gepflückte und zerriebene Spitzwegerichblätter auf einen Bienen- oder Wespenstich gedrückt nehmen den Schmerz und verhindern eine Entzündung. Schlitzwegerich hat man ebenfalls zur Wundheilung verwendet und immer schon als vitaminreiches Wildgemüse gegessen.

ANBAU ～ Barba di frate gedeiht am besten in Regionen mit Salz in Luft und Boden, milden Wintern und genügend Feuchtigkeit. Heute wird er vorwiegend in Italien angebaut.

Einkaufstip

Barba di frate
bekommen Sie bei gut
sortierten Gemüse-
händlern,
in Mittelmeerläden und
auf großen Märkten.

IMPORTE ~ Unregelmäßig, vor allem aus Italien.

CHARAKTERISTIK
- Eßbar: die stengelartigen Blätter.
- Aussehen: wie dicke fleischige Grasbüschel mit feinen Wurzeln.
- Farbe: grün, oft mit rötlichen Stielen.
- Geruch: neutral, ein wenig säuerlich.
- Geschmack: leicht säuerlich und eine Spur erdig, erinnert etwas an Sauerampfer.
- Qualitätsmerkmal: saftige, gleichmäßig grüne Blätter.
- Qualitätsmangel: gelbe oder faule Stellen.

VERWENDUNG ~ Roh und gegart.

VORBEREITUNG
- Die Wurzeln abschneiden.
- Blätter wie Schnittlauch waschen und schneiden.

AUFBEWAHRUNG ~ Wie Spinat.

TYPISCHE GERICHTE
- Roh mit gemischtem Salat.
- Gedünstet in Sahne als Sauce zu Fisch.
- Fein geschnitten mit Rucola und Tomaten als Nudelsauce.

Küchentips

• Fein geschnitten wie Schnittlauch schmeckt
Barba di frate am besten.
• Aufgrund des salzig-säuerlichen Geschmacks
paßt er gut zu Fisch.

Bittergurke

Balsambirne, Karella

Momordica charantia

Familie der *Cucurbitaceae* – Kürbisgewächse

englisch: *bitter melon, bitter cucumber, bitter gourd, balsam pear*

französisch: *margose*

indonesisch: *paria*

Nährwert:
keine Angaben verfügbar

Die Gurken wachsen an etwa 1,5 m hohen Kletterpflanzen mit zierlichen Stengeln und Blättern, die an Weinlaub erinnern. Aus den kleinen gelblichen Blüten entwickeln sich an langen Stielen bittere Früchte – traditionelle Zutat vieler afrikanischer und indischer Regionalküchen. Reife Früchte färben sich kräftig gelb, reißen in zwei bis drei Segmenten auf und geben das nun tiefrote Fruchtmark mit den Samenkernen frei. Essen kann man sie dann nicht mehr, weil sie viel zu bitter sind. Die reifen Samen verwendet man in Indien als Gewürz.

URSPRUNG UND VERBREITUNG ~ Die genaue Heimat der Bittergurke kennt man nicht, doch mit Sicherheit stammt sie aus der Alten Welt. Von den etwa 60 Arten sind etwa 40 im

tropischen und subtropischen Afrika, der Rest in Indien und Südostasien verbreitet. Nach Brasilien, in die Karibik und die lateinamerikanischen Länder gelangten die Pflanzen durch den Sklavenhandel. Heute wachsen sie weltweit in den Tropen.

ANBAU ∼ In Indien, Thailand, Indonesien, Malaysia, Singapur und Ostafrika baut man die Bittergurke gewerbsmäßig an. In den Niederlanden hat man ebenfalls damit begonnen. Es soll Sorten mit weniger Bitterstoffen geben, die vor allem in Taiwan angebaut werden.

IMPORTE ∼ Unregelmäßig aus Thailand, Taiwan, Indien und Kenia, jedoch nur die Früchte.

CHARAKTERISTIK
- Eßbar: junge, unreife Früchte, Triebe und Blätter, Samen als Gewürz.
- Frucht: von fingerlang bis etwa 30 cm, 5–8 cm dick, von Stiel zu Blüte spitz zulaufend.
- Schale: mittelgrün bis gelb mit grünen Sprenkeln, wulstig mit dicken Warzen, die sich auf der gesamten Frucht verteilen und dabei deutliche Längsrippen bilden.
- Fruchtfleisch: bei unreifen, jungen Früchten fest, hell, gurkenähnlich mit vielen eßbaren Samenkernen; je reifer die Frucht, desto schwammiger das Fleisch.
- Geruch: neutral.
- Geschmack: ohne Vorbehandlung unangenehm bitter, bei entsprechender Vorbereitung (siehe unten) aromatisch und leicht bitter – etwa wie wilder Löwenzahn.

VERWENDUNG ∼ Gegart.

VORBEREITUNG
- Für Salat und Pickles die Gurken waschen, der Länge nach halbieren, die Samen mit einem Teelöffel herauskratzen.

Einkaufstips

- *Nehmen Sie kleine grüne Früchte, die meist weniger bitter schmecken.*
- *Bittergurken bekommt man ziemlich regelmäßig in Chinaläden, in Thailäden muß man sie gewöhnlich bestellen.*

Früchte in sprudelnd kochendes Wasser geben und kochen, bis sie hell werden. Abgießen, kalt abspülen und je nach Rezept zubereiten.

● Für Schmorgerichte waschen, halbieren, entkernen. Je nach Rezept zerkleinern und in einer Schüssel mit grobem Salz mischen – pro Bittergurke etwa 1 Teelöffel; etwa 20 Minuten ziehen lassen, kalt abspülen, trockentupfen und zubereiten.

● Für indische Curries: entkernen, in einer Mischung aus Zitronensaft, Salz und Kurkuma wenden und einige Stunden marinieren. Auspressen, aber nicht zerdrücken, kalt abspülen und abtropfen lassen.

AUFBEWAHRUNG ～ Ganze Früchte etwa 2 Tage im Kühlschrank.

TYPISCHE GERICHTE

● Indien: marinieren (siehe oben), einige Minuten kochen, mit Zwiebel- oder Kartoffelcurry füllen und schmoren.

● Sri Lanka: eingelegt als Pickles.

● Indonesien: mit scharfer Gewürzmischung rösten.

● Afrika: geschälte und gemahlene Kerne als Zutat für Saucen.

ACHTUNG ～ Manche Arten von Bittergurken wirken stark abführend.

Küchentips

• *Gebratener Speck und Balsamessig oder eine kräftige Prise Zucker ergänzen sich gut mit dem bitteren Geschmack.*

• *Kombinieren Sie Bittergurken immer mit gehaltvollen Zutaten: zum Beispiel Schweinefleisch in der Suppe, Rindfleisch und ausreichend Öl im Wok, Butterschmalz im Curry.*

• *In vegetarischen Gerichten mit fetten, süßen und scharfen Zutaten kombinieren.*

Brotfrucht

Brotnuß

Artocarpus altilis

Familie der *Moraceae* – Maulbeerbaumgewächse

englisch: *breadfruit, breadnut*

französisch: *fruit à pain, arbre à pain*

Nährwert (pro 100 g):
90 kcal, 377 kJ; 1,3 g Eiweiß,
0,5 g Fett, 20,1 g Kohlenhydrate

Der immergrüne Baum mit großen, sehr dekorativen Blättern wird 15–20 m hoch und in allen Tropenländern als Zier- und Nutzbaum angebaut. Das Holz mancher Arten eignet sich hervorragend für den Bootsbau: Den Milchsaft nimmt man zum Abdichten der Boote, der Rindenbast liefert Flecht- und Bindematerial. Die bis zu 2 Kilo schweren Früchte gehören in allen Anbauländern zu den wichtigsten Gemüsepflanzen.

URSPRUNG UND VERBREITUNG ~ Die Brotfrucht stammt aus dem Gebiet der Sunda-Inseln und Polynesien. Der britische Kapitän Cook und der Naturforscher Sir Joseph Banks berichteten als erste über die erstaunlichen Früchte, die gebacken ähnlich wie Weizenbrot schmecken. In der Neuen Welt wurden sie vor allem durch britische Plantagenbesitzer verbreitet, die sie als billiges, nahrhaftes Lebensmittel für die schwarzen Sklaven anpflanzen ließen: Dies soll den schlechten Ruf der Brotfrüchte in der Karibik begründet haben.

Einkaufstip

ANBAU ~ Überall in den Tropen.

IMPORTE ~ Vorwiegend aus Thailand, Malaysia und Brasilien.

CHARAKTERISTIK

● Eßbar: die Früchte und die kastanienartigen Samen.
● Frucht: rund mit grüner, schlangenlederartiger Schale und dikkem Stiel, der sich wie ein ovaler Sporn im Inneren der Frucht fortsetzt.
● Fruchtfleisch: fest, saftig und gelbweiß, samenlos oder mit 2 – 3 großen braunen Samen.
● Geruch: nach rohem Rhabarber, mit zunehmender Reife leicht penetrant nach einer Mischung aus überreifen Ananas, Bananen und Mangos.
● Geschmack: mild wie Kartoffeln, mit zunehmender Reife eher fruchtig wie eine Mischung aus Ananas und Mangos.
● Qualitätsmerkmal: reife Früchte haben eine gelbgrüne bis grünbraune Schale.
● Qualitätsmängel: das Fruchtfleisch überreifer Früchte ist matschig und unangenehm säuerlich; die Schale unreifer Früchte ist grün, die Frucht hart und das Fruchtfleisch faserig und trocken.

VERWENDUNG

● Frucht gegart.
● Samen gekocht und geröstet.

VORBEREITUNG ~ Frucht mit einem scharfen Messer halbieren und schälen; Sporn herausschneiden.

AUFBEWAHRUNG

● Ganze reife Früchte etwa 3 Tage bei Zimmertemperatur.
● Aufgeschnittene reife Früchte in einem kühlen Raum maximal 1 Tag.
● Nachreife: in einem nicht zu trockenen Raum bei Zimmertemperatur.

Küchentip

Eine aufgeschnittene Frucht mit Zitronen- oder Limettensaft beträufeln, damit sie sich nicht verfärbt.

TYPISCHE GERICHTE

● Puerto Rico: schälen, vierteln, in dünne Scheiben schneiden und in Salzwasser blanchieren; trockentupfen und in heißem Öl oder Schmalz wie Kartoffelchips fritieren; mit Salz bestreuen und gerade eben abgekühlt servieren.

● USA: die unreife, ganze Frucht mit 1 1/2 Tassen Wasser in eine ofenfeste Form geben und im Ofen etwa 1 Stunde weich backen; halbieren und heiß mit Salz und Pfeffer oder Zucker und Butter anrichten.

● International: Frucht schälen, in Scheiben schneiden, etwa 6 Minuten in Salzwasser garen, abgießen und als Beilage wie Pellkartoffeln mit Butter, Salz und Pfeffer servieren.

HISTORISCHES ～ Die berühmte Meuterei auf der „Bounty" ist keine Erfindung Hollywoods. Sie hat sich tatsächlich ereignet: am 28. April 1789 auf der Rückreise von Tahiti, wo im Auftrag der britischen Regierung 1000 Brotfruchtbäume für die Karibik geladen worden waren. Kapitän Bligh wurde mit 18 seiner Leute von den Meuterern ausgesetzt. Zuerst gelang ihnen das Kunststück, in einem offenen Boot über 3500 Seemeilen bis nach Timor zurückzulegen. Dann segelte Bligh erneut nach Tahiti, brachte die Bäume an ihren Bestimmungsort und grub 1793 einen davon eigenhändig auf der Karibikinsel St. Vincent ein. Er steht dort noch im heutigen Botanischen Garten und ist so berühmt, daß Königin Elisabeth II. in der Nähe dieses „Ur-Baumes" 1966 einen Ableger pflanzte.

Cha-om

Acacia pennata var. insuavis

Familie der *Leguminosae* – Hülsenfrüchtler

englisch: unbekannt

Nährwert:
keine Angaben verfügbar

Bei uns sind Akazien Zierpflanzen; die bei uns bekannteste, *Acacia neriifolia*, finden Sie als „Mimose" mit gelben Blütenköpfchen in Blumenläden. Sonst nutzt man die Bäume und Sträucher mit den auffallend schmalen Blättern – manche Arten haben sogar nur verbreiterte Blattstiele statt richtiger Blätter – weltweit zur Gewinnung von Gerbstoffen für die Lederindustrie, Harzen für Kosmetikprodukte und für Süßigkeiten. Akaziengummi kommt in Speiseeis und Getränken vor, Akazienblüten liefern besonders aromatischen Honig, die Samen einen Kaffee-Ersatz. Die Blätter dienen Mensch und Tier als Nahrungspflanzen.

URSPRUNG UND VERBREITUNG ~ Die Akazienart wächst im zentralen, trockenen Bergland Thailands und spielt nur in regionalen thailändischen Gerichten eine Rolle.

ANBAU ~ Die Ableger des Baumes werden als Setzlinge für den Gemüseanbau gepflanzt und jung geerntet.

IMPORTE ~ Unregelmäßig und auf Bestellung aus Thailand.

CHARAKTERISTIK
- Eßbar: Triebspitzen und Blättchen.
- Aussehen: Zweige mit zarten, sehr schmalen, lanzettförmigen Blättern und relativ dicken, weißen Stielen.
- Geruch: neutral.
- Geschmack: erinnert an eine Mischung aus jungem Spinat mit einem Hauch Erbsen.
- Qualitätsmerkmal: gleichmäßig grüne und saftige Blätter.

VERWENDUNG ~ Gegart.

VORBEREITUNG ~ Waschen, Triebe und Blätter von den Stielen zupfen und zerkleinern.

AUFBEWAHRUNG ~ Wie Spinat in einem Plastikbeutel maximal 2 Tage im Kühlschrank.

TYPISCHE GERICHTE ~ Thailand: im Fischcurry mit Bohnen, Maiskölbchen, Pilzen, Blumenkohl und Bambussprossen, gewürzt mit Currypaste und Fischsauce. Oder: im Omelett wie Kräuter zerkleinert.

Einkaufstip

Cha-om gibt es bisher nur in einigen Thailäden und bei Fachhändlern für exotisches Obst und Gemüse – und muß auch hier meist bestellt werden.

Chayote

Xuxu, Chou-Chou, Stachelgurke

Sechium edule

Familie der *Cucurbitaceae* – Kürbisgewächse

englisch: *chayote, chayote squash, vegetable pear*

französisch: *chayote, chou chou*

Nährwert (pro 100 g):
0,8 g Eiweiß, 0,1 g Fett;
weitere Angaben nicht
verfügbar

Die Kletterpflanze mit den langen Trieben ist verwandt mit Kürbis, Zucchini und Gurke. Bevor sich die Frucht von der Pflanze löst, keimt darin schon der Samen. So können sich am stumpfen Ende unreifer, grüner Früchte bereits Keimblätter, Wurzeln und sogar Ranken der Jungpflanze zeigen.

URSPRUNG UND VERBREITUNG ~ Chayoten stammen aus Lateinamerika und wurden vermutlich bereits von den Azteken als Gemüse kultiviert. Heute wachsen sie überall in den Tropen und Subtropen als Zier- und Gemüsepflanze.

ANBAU ~ In Westindien, Mittel- und Südamerika, Kalifornien, Westafrika, Australien, Neuseeland, Indien und im Mittelmeerraum.

IMPORTE ~ Aus Brasilien von März bis Juni, aus Costa Rica und Kenia von April bis Dezember; bei uns meist nur Früchte von 200 – 400 g.

CHARAKTERISTIK
- Eßbar: Früchte und junge Triebe.
- Form: rundlich-oval wie eine Birne.

Einkaufstips

- *Nehmen Sie harte Früchte, die sich wie frische Kohlrabi anfühlen; weiche Chayoten beginnen schon zu faulen.*
- *Chayoten bekommen Sie bei Fachhändlern für exotisches Obst und Gemüse.*

- Schale: faltig, je nach Sorte mit weichen Stacheln.
- Farbe: hellgrün oder gelblich.
- Fruchtfleisch: fest, weiß oder grünlich mit einem flachen Samen.
- Geruch: neutral, erinnert an Gurke und Zucchini.
- Geschmack: leicht süß.
- Qualitätsmerkmal: pralle, gleichmäßig gefärbte Schale.

VERWENDUNG ~ Roh und gegart.

VORBEREITUNG
- Wie Kartoffeln unter fließendem Wasser bürsten und schälen oder ungeschält in etwa 15 Minuten weich kochen.
- Gekocht der Länge nach halbieren, Samen herausschneiden und Fruchtfleisch herauskratzen.
- Roh in Scheiben oder Würfel schneiden und weiter verarbeiten.

AUFBEWAHRUNG
- Ganze Früchte im Kühlschrank etwa 2 Wochen.
- Eine aufgeschnittene Frucht in Folie gewickelt etwa 3 Tage im Kühlschrank.

TYPISCHE GERICHTE
- Indien: Früchte als Eintopf mit Mungobohnen, Chillies, Curryblättern und Kokosraspeln.
- USA: Früchte wie Auberginen füllen und überbacken.
- USA/Neumexiko: mit Fleisch und milden Chillies in Tortillas füllen und backen.
- USA/kreolische Küche: Früchte in scharfer Tomatensauce schmoren und zu Reis servieren.

● Brasilien: Früchte würfeln, mit Krabben, Gewürzen und Tomaten schmoren.

● Brasilien: Triebe fein schneiden und in Öl rösten.

● Südafrika: Früchte kochen, pürieren und mit Käsesauce gratinieren.

Küchentips

• *Zum Füllen ungeschält kochen.*

• *Zum Schmoren schälen, damit die Würze ins Fruchtfleisch dringen kann.*

• *Da Chayoten einen klebrigen Saft absondern, ist es ratsam, sie unter fließendem Wasser zu schälen.*

• *Wie Kürbis kräftig würzen, z. B. mit Zitrussaft, Chillies, Knoblauch, aromatischen Kräutern, Ingwer, Currypulver, Nelken, Muskat, Zimt, Palmzucker.*

Chinesischer Brokkoli

Brassica alboglabra

Familie der *Cruciferae* – Kreuzblütler

englisch: *Chinese kale*

chinesisch: *Gai Laan, Jie Lan*

indonesisch: *sawi hijan*

Nährwert:
keine Angaben verfügbar

Der Kohl wirkt wie eine Mischung aus dem Blattkohl Choi sam (siehe S. 62) und europäischem Brokkoli: Er wächst als Staude bis zu 1 m hoch, bildet wie Brokkoli stark verzweigte fleischige Stiele und kräftig blau-grüne Blätter mit zartem weißem Belag. Die Blütenknospen an der Spitze der Stengel sind allerdings sehr viel kleiner als bei Brokkoli und bilden keine festen Köpfe. So kommt es beim chinesischen Brokkoli nur auf die Stengel und die zarten Blättchen an.

URSPRUNG UND VERBREITUNG ～ Die Pflanze stammt aus Südchina und wird heute in vielen tropischen Ländern als Gemüse angebaut.

ANBAU ～ In China, Thailand, Indonesien, Ost- und Westafrika, Westindien und in anderen tropischen Gebieten. Chinesischer Brokkoli ist einjährig und wird geerntet, sobald sich Blüten bilden. Man schneidet die Pflanze entweder direkt über dem Boden ab oder kappt die Knospe an der Spitze des mittleren Triebes: Dann bilden sich immer wieder neue Seitentriebe.

IMPORTE ～ Ganzjährig, vorwiegend aus Thailand.

Einkaufstips

• Vom Choi sam (siehe S. 62) unterscheidet er sich durch weiße Blüten und glatte, nicht gekerbte Stiele.

• Chinesischen Brokkoli gibt es auf Bestellung in Thailäden und bei Fachhändlern für exotisches Obst und Gemüse.

CHARAKTERISTIK

● Eßbar: Blätter und Stiele.
● Geruch: erinnert an Brokkoli.
● Geschmack: aromatisch, leicht nach Kohl (und kräftiger als Choi sum).
● Qualitätsmerkmale: saftige, unverletzte Blätter, dicke Stengel und mehr geschlossene Knospen als offene Blüten.

VERWENDUNG ～ Gegart.

VORBEREITUNG

● Waschen und in Blätter und Stiele teilen.
● Bei den Blättern eventuell die harte Mittelrippe entfernen, dann grob oder fein hacken.
● Die Stiele wie bei Brokkoli schälen und nach Wunsch zerkleinern.

AUFBEWAHRUNG ～ Maximal 2 Tage im Kühlschrank.

TYPISCHE GERICHTE

● China: Tintenfisch mit Reiswein und Ingwer marinieren und in Erdnußöl braten, mit gebratenem chinesischem Brokkoli, Mu-Er-Pilzen, Möhren und Porree vermischt servieren.
● Thailand: den Brokkoli mit Garnelen, Blumenkohl, Maiskölbchen, Bambussprossen, Wasserkastanien, Sojabohnensprossen, Zuckerschoten, Sellerie und Zwiebeln im Wok braten, mit Fischsauce, Zucker, Knoblauch und Reiswein würzen.
● International: Stengel und zarte Blätter wie Brokkoli oder Spargel als Gemüsebeilage servieren oder als Salat mit einer Vinaigrette anrichten.

Küchentips

• Das Gemüse schmeckt besonders gut mit einem Schuß Reiswein und einer Prise Zucker.

• Blanchiert eignet es sich gut zum Einfrieren.

Choi sam

Brassica chinensis var. parachinensis

Familie der *Cruciferae* – Kreuzblütler

englisch: *Chinese flowering cabbage*

chinesisch: *Cai Xin*

indonesisch: *sosin-tansin*

Nährwert:
keine Angaben verfügbar

Der tropische Blattkohl stammt wie Weißkohl oder Wirsing aus der großen Kohlfamilie, bildet aber wie seine nächsten Verwandten Chinakohl und Paksoi keine Köpfe. Die Blätter wachsen lose aus den Wurzeln – ähnlich wie beim Stielmus oder Schnittkohl, der bei uns in Norddeutschland noch angebaut wird.

URSPRUNG UND VERBREITUNG ~

Choi sam stammt aus Ost- und Südostasien und spielt eine wichtige Rolle in der kantonesischen Küche; aus dem Kantonesischen kommt auch sein Name.

ANBAU ~ Außer in Asien auch in Westafrika und Südamerika.

IMPORTE ~ Unregelmäßig vorwiegend aus Thailand.

CHARAKTERISTIK

- Eßbar: die ganze Pflanze.
- Aussehen: ovale, sattgrüne Blätter an 1/2–1 cm dicken, 15–20 cm langen und leicht gerillten Stielen, kleine gelbe Blüten.

Einkaufstip

Choi sam gibt es in Asienläden und bei Fachhändlern für exotisches Obst und Gemüse.

● Geruch: erinnert an Paksoi.

● Geschmack: aromatisch und sanft nach Kohl. Choi sam gilt als das beste unter den chinesischen Kohlgemüsen.

● Qualitätsmerkmal: saftige Stiele, die sich am Ansatz leicht mit dem Fingernagel einritzen lassen.

VERWENDUNG ~ Gegart.

VORBEREITUNG ~ Waschen und zerkleinern.

AUFBEWAHRUNG ~ Maximal 2 Tage im Kühlschrank.

TYPISCHE GERICHTE

● Thailand: in 5 cm breite Stücke schneiden, mit reichlich Knoblauch, gehackten roten Chilischoten, Zucker und Salz mischen und zugedeckt im Kühlschrank 3 Tage ziehen lassen und dann im Wok braten.

● China: mit Shiitake-Pilzen, roten Chilischoten, Tofu, Frühlingszwiebeln, Knoblauch und Ingwer im Wok braten.

● International: wie Brokkoli oder Spargel als Gemüsebeilage zubereiten oder als Salat mit Vinaigrette anrichten.

Küchentips

• *Die Stiele sind so zart, daß man sie nicht zu schälen braucht.*

• *Das Gemüse schmeckt besonders gut mit Nudeln und Geflügel.*

Cima di rapa

Rapa, Stengelkohl

Brassica rapa var. cymosa

Familie der *Cruciferae* – Kreuzblütler

italienisch: *cima di rapa*

Nährwert:
keine Angaben verfügbar

Das Blattgemüse ist aus einer Wildpflanze entstanden, von der auch Senfspinat, Chinakohl, Teltower Rübchen oder Rübstiel abstammen. Cima di rapa wächst etwa 80 cm hoch, trägt krause Blätter und gelbe Blüten.

URSPRUNG UND VERBREITUNG ∼

Cima di rapa stammt aus dem Mittelmeerraum, wächst wild aber vermutlich auch in anderen Regionen.

ANBAU ∼ Gewerbsmäßig in Italien, vor allem in den süditalienischen Provinzen Kampanien und Apulien. Er gilt dort als typisches Wintergemüse und wird vor dem Aufblühen der Knospen geerntet, weil der Kohlgeschmack dann noch nicht so intensiv ist.

IMPORTE ∼ Von November bis April vorwiegend aus Süditalien.

CHARAKTERISTIK

● Eßbar: vor allem die Blütenknospen, aber auch Blätter und Stiele.
● Aussehen: fleischige Stiele und kleine Knospen erinnern an

Einkaufstip

Cima di rapa bekommen Sie auf großen Märkten, bei manchen Gemüsehändlern sowie in italienischen und türkischen Läden.

Brokkoli, kräftige krause Blätter an das Kraut von Speiserüben.
- Geruch: nach Kohl.
- Geschmack: sanft nach Kohl, solange die Blütenknospen noch geschlossen sind; der Kohlgeschmack nimmt mit dem Aufblühen der Knospen zu.
- Qualitätsmerkmal: fleischige, dicke, geschlossene Blütenknospen.

VERWENDUNG ~ Gegart.

VORBEREITUNG ~ In Röschen und Stiele teilen und waschen.

AUFBEWAHRUNG ~ Maximal 2 Tage im Kühlschrank.

TYPISCHE GERICHTE
- Apulien: in Stückchen schneiden, mit Orecchiette, gehackten Sardellenfilets, zerdrücktem Knoblauch, Olivenöl und geriebenem Pecorino servieren (siehe Rezept S. 211).
- Norditalien: blanchieren, mit Essig und Öl mischen und als Beilage zu *Bollito misto* servieren.
- International: blanchieren, mit Sahne, geriebenem Käse und Semmelbröseln mischen und als Gratin backen.

Küchentips

- *Etwa so kurz wie kleine Brokkoliröschen garen: So bleibt der Kohl bißfest.*
- *Cima di rapa eignet sich gut für den Wok.*

EXTRATIP ~ Gekeimte Samenkörner (siehe S. 205) von Cima di rapa schmecken angenehm scharf. Man kann sie wie Sprossen unter Salat und Rohkost mischen.

Daikonkresse

Raphanus sativus var. ***longipinnatus***

Familie der *Cruciferae* – Kreuzblütler

englisch: *daikon kress*

französisch: *cresson daikon*

Nährwert:
keine Angaben verfügbar

Die zarten Sprossen erinnern an eine Mischung aus Garten- und Brunnenkresse. Sie bereichern Salate, Suppen und Saucen.

URSPRUNG UND VERBREITUNG ~ Die gekeimten Samen von Daikonrettich sind wie andere Sprossen als Naturkostlebensmittel und Salatergänzung auf dem Markt.

Einkaufstip

Daikonkesse gibt es bei Gemüsehändlern gewöhnlich nur auf Bestellung.

ANBAU ～ Daikonkresse wird in den Niederlanden produziert. Man kann sie ganz leicht selber ziehen (siehe S. 205).

IMPORTE ～ Ganzjährig aus den Niederlanden.

CHARAKTERISTIK

- Eßbar: die ganze Sprosse mit restlicher Samenhülle.
- Form und Farbe: wie die jungen Keimblättchen von Kresse, allerdings etwas größer.
- Geschmack: mild, erinnert an Rettich und Kresse.
- Qualitätsmerkmal: saftig wie Kräuter.

VERWENDUNG ～ Roh.

VORBEREITUNG ～ Mit einer Küchenschere abschneiden, kurz waschen und gut trockentupfen.

AUFBEWAHRUNG ～ Maximal 1 Woche im Kühlschrank; regelmäßig besprühen.

TYPISCHE GERICHTE

- Im Blattsalat mit Sahnedressing.
- Im Salat aus Tomaten und Orangen.
- Auf einem Rettich-Carpaccio mit Vinaigrette.

Küchentip

Nicht mitkochen, sondern unmittelbar vor dem Servieren in die fertige Suppe oder Sauce geben.

Daikonrettich

Chinesischer Rettich, japanischer Rettich

Raphanus sativus var. *longipinnatus*

Familie der *Cruciferae* – Kreuzblütler

englisch: *Oriental radish*

französisch: *radis japonais*

Nährwert (pro 100 g):
9 kcal, 39 kJ; 1,1 g Eiweiß, 0,2 g Fett, 1 g Kohlenhydrate

Rettich ist mit der Rübe verwandt und gehört zu den ganz alten Kulturpflanzen, die vermutlich schon seit knapp 3000 Jahren gezüchtet werden.

URSPRUNG UND VERBREITUNG ~ Um 500 v. Chr. soll „normaler" Rettich aus Vorderasien nach China gelangt sein, wo man aus der gedrungenen Wurzel mit scharfem Geschmack den milden langen Daikon-Rettich gezüchtet hat. Von China verbreitete sich diese Rettichkultur in ganz Ostasien. Heute gehört Daikon-Rettich zu den wichtigsten Gemüsen in China und Indien und ist eine Grundzutat der japanischen und koreanischen Küche – mit einem Pro-Kopf-Verbrauch von bis zu 30 Kilo im Jahr.

ANBAU ~ Weltweit mit Schwerpunkten in China, Japan und Korea. Europäische Anbaugebiete liegen in Frankreich, Italien, Österreich, in den Niederlanden sowie in Deutschland.

Einkaufstips

• Die chinesische Rettich-Varietät ist kürzer als die japanische und sieht aus wie eine Spindel mit spitz zulaufenden Enden.

• Anders als europäischer Rettich wird Daikonrettich bei uns meist ohne die Blätter verkauft.

• Sie bekommen ihn in Asienläden, bei Gemüsehändlern und in manchen Supermärkten.

IMPORTE ~ Von Spätsommer bis Herbst vorwiegend aus Italien.

CHARAKTERISTIK
- Eßbar: Wurzel und Blätter.
- Form: schlank und walzenförmig, deutlich spitz zulaufend; 30–50 cm lang.
- Farbe: weiß.
- Geruch: nach Rettich.
- Geschmack: nach Rettich, doch viel milder.
- Fleisch: saftig, fest und gleichmäßig weiß.
- Qualitätsmerkmale: schwer, mit glatter weißer Schale, angenehm mildem Geruch und saftigen grünen Blättern.
- Qualitätsmängel: schlaff und weich, runzelige Schale und intensiver Geruch; schwammiges oder holziges Fleisch, eventuell mit dunklen Schlieren, zudem welke Blätter oder Stengel.

VERWENDUNG ~ Roh und gegart.

VORBEREITUNG ~ Waschen und schälen oder schaben.

AUFBEWAHRUNG ~ Maximal 2 Tage im Kühlschrank.

TYPISCHE GERICHTE
- Nordindien: im Salat mit Gurken, Tomaten, Pellkartoffeln, Koriander und Chilischoten mit einem Dressing aus Öl, Crème fraîche, Zitronensaft, Knoblauch, frischem Ingwer und Zucker.
- Nordindien/Pandschab: raspeln, mit Maismehl und etwas Wasser mischen, in der Pfanne als Fladenbrote backen und zu Salat servieren.
- Nordchina: Wintersuppe aus großen Rettich- und Möhrenstücken, Suppenknochen und Schweine- oder Rind-

fleisch, mit reichlich Wasser einige Stunden köcheln lassen, bis die Suppe dick ist; mit Salz und Pfeffer würzen.

●Japan: im Ganzen vorkochen, mit Brühe, Salz, Sojasauce und Mirin (siehe Glossar) garen, mit Brunnenkresse- oder Petersilienblättern anrichten.

●Japan: fein raspeln und als Würzzutat zu *Sashimi*, einer Art japanischem *Carpaccio* aus Fisch.

●Korea: mit anderem Gemüse scharf-sauer einlegen.

Küchentips

• *In der ostasiatischen Küche gilt Rettich als „kühles" Lebensmittel, das man entweder lange gart oder kalt mit „wärmenden" Zutaten wie Ingwer, Frühlingszwiebeln oder Schärfe kombiniert.*

• *Rettich verliert beim langen Garen weder Konsistenz noch Aroma; er macht Fleisch zart und verbessert die Sauce.*

• *Für den Wok wie Möhren in Stifte schneiden, für 15 Minuten einsalzen und wieder kalt abspülen; so bleibt er beim Sautieren knackig.*

Dulse

Palmaria palmata

Abteilung der *Rhodophyceae* – Rotalgen

englisch: *dulse*

französisch: *dulse*

Nährwert:
sichere Angaben nicht verfügbar

Die Algen wachsen in den felsigen Küstengewässern von Atlantik und Pazifik als rötliche Büschel mit 15–30 cm langen Thalli (siehe Glossar).

URSPRUNG UND VERBREITUNG ~ Dulse gehört zu den wenigen Meeresgemüsen, die seit mehr als 1000 Jahren auch in Nord- und Westeuropa gegessen werden.

ANBAU ~ Dulse wächst wild und wird außerdem vor der bretonischen Küste kultiviert. Die Ernte ist das ganze Jahr über erlaubt: Man pflückt die Algen bei Ebbe mit der Hand, bis die Herbststürme das Meer zu unruhig machen.

IMPORTE ~ Getrocknet das ganze Jahr über; frisch und eingesalzen von Mai bis Oktober vorwiegend aus Frankreich.

Einkaufstips

*   *In Naturkostläden gibt es getrocknete Dulse als Pulver oder Flocken, die man zum Würzen nimmt.*
*   *Frische, eingesalzene Dulse bekommen Sie bei Fischhändlern auf Bestellung.*

CHARAKTERISTIK

● Eßbar: die ganze Pflanze.
● Aussehen: frisch ähnlich wie blanchierter Rotkohl, allerdings eher transparent, getrocknet bräunlich.
● Geruch: frisch nach Meer; getrocknet ziemlich neutral.
● Geschmack und Konsistenz: frisch mild und würzig; getrocknet mehr oder weniger salzig.

VERWENDUNG ~ Gegart.

VORBEREITUNG

● Getrocknete Dulse waschen und 5 Minuten in klarem Wasser einweichen.
● Frische Dulse blanchieren.
● Wie Blattgemüse zerkleinern.

AUFBEWAHRUNG

● Getrocknete Dulse in der Originalpackung, eventuell mit Clip oder Gummiband verschließen; kühl, dunkel und trocken lagert sie mehrere Monate.
● Frische Dulse genau wie Fisch und Meeresfrüchte rasch verbrauchen.

TYPISCHE GERICHTE

● Frankreich: blanchieren, in Butter schwenken und zu Fisch servieren.
● Großbritannien: Kartoffeln ohne Salz kochen und zu Püree zerdrücken, getrocknete Dulse in Olivenöl rösten, bis sie gelblich-grün und knusprig ist, Kartoffeln damit mischen und zu pochiertem Fisch servieren.
● International: mit geraspelten Salatgurken, Möhren, Blattsalaten, Kräutern und eventuell Alfalfasprossen mischen, mit Vinaigrette und gerösteten Nüssen als Salat zubereiten.

EXTRATIP ~ Frische Dulse schmeckt von Mai bis August am besten.

Flaschenkürbis

Dhudi, Kalebasse

Lagenaria siceraria

Familie der *Cucurbitaceae* – Kürbisgewächse

englisch: *bottle gourd, white-flowerd gourd, calabash gourd*

französisch: *courge bouteille, calabassier*

indonesisch: *oyong*

Nährwert (pro 100 g):
19 kcal, 78 kJ; 1,6 g Eiweiß, 0,4 g Fett, 2,2 g Kohlenhydrate

Viele von uns kennen die Kürbisart vermutlich eher aus Kunst und Literatur als vom Markt und aus der Küche: Jahrhundertelang wurden ausgehöhlte Flaschenkürbisse als preiswerte Gefäße anstelle teurer Krüge und Schüsseln aus Ton verwendet. Bei ausgereiften Exemplaren sind die Schalen nämlich hart, holzig und sogar wasserdicht. Alte chinesische Zeichnungen zeigen Mönche mit Kalebassen am Gürtel, in denen die

weisen Männer ihren Vorrat an Wasser und Kräutern mit sich führten. In Indien werden aus Dhudis Musikinstrumente hergestellt, und bei der Lektüre von Mark Twain, Margaret Mitchell und Harriet Beecher-Stowe begegnen sie uns als typische Gebrauchsgegenstände in den Hütten der Sklaven und der weißen Unterschicht.

URSPRUNG UND VERBREITUNG ~ Das genaue Ursprungsgebiet kennt man nicht, bisher wurden Wildformen nirgends gefunden. Doch es scheint sicher, daß sich Dhudis ohne menschliches Zutun selbständig sowohl in der Alten wie in der Neuen Welt verbreitet haben – genau wie Süßkartoffeln und Kokosnüsse, allerdings viel früher. Kultiviert haben die Menschen beider Hemisphären die Kürbisse lange vor Kolumbus und dem weltweiten „Export" einheimischer Pflanzen: Mexikanische Funde sind etwa 9000, peruanische und ägyptische um die 5000 Jahre alt. Im 1. Jahrhundert n. Chr. tauchen sie in China auf, im 12. Jahrhundert bei den Maori in Neuseeland. Man nimmt an, daß reife Früchte durch Meeresströmungen über die ganze Erde verteilt wurden; die Samen von Dhudis bleiben fast 9 Monate keimfähig.

Einkaufstips

Flaschenkürbisse gibt es in Asienläden und bei Fachhändlern für exotisches Obst und Gemüse. Die bei uns im Handel erhältlichen Früchte sind etwa 30 – 45 cm lang. Manchmal bekommen Sie als Flaschenkürbis allerdings auch einen birnenförmigen Moschuskürbis mit hellgelber Schale angeboten.

ANBAU ~ Überall in den Tropen.

IMPORTE ~ Unregelmäßig aus Indien und Thailand.

CHARAKTERISTIK
● Eßbar: Fruchtfleisch, Samen, junge Triebe und Blätter.
● Form: flaschen- oder keulenförmig; gerade oder leicht gekrümmt.
● Größe: sehr unterschiedlich.
● Schale: bei asiatischen Flaschenkürbissen oft graugrün und weich, bei afrikanischer Varietäten oder ganz ausge-

Küchentips

• Zum Füllen und zum Überbacken eignen sich größere Exemplare mit fester Schale.

• Zum Schmoren kleine Früchte mit zartem Fruchtfleisch nehmen.

reiften Exemplaren auch hellgrün und hart.
- Fruchtfleisch: fest, zart und weiß.
- Geruch: neutral.
- Geschmack: neutral und leicht süß.
- Qualitätsmerkmale: glatte und feste Schale, bei jungen Früchten weich.
- Qualitätsmangel: harte und holzige Schale zeigt überreife Früchte an.

VERWENDUNG ~ Gegart.

VORBEREITUNG ~ Zum Füllen nur waschen; für andere Zubereitungen anschließend noch schälen.

AUFBEWAHRUNG
- Ganze Früchte – wie andere Kürbisarten auch – in einem kühlen Raum einige Wochen.
- Aufgeschnittene Früchte innerhalb von 2 Tagen verwenden.

TYPISCHE GERICHTE
- Karibik/kreolische Küche: Kürbishälften im Ofen gerade eben weich backen, in kleinen Stücken als Suppe mit Hühnerbrühe, Gemüsebanane, Gewürzen und etwas Fruchtsaft 30 Minuten garen.
- Westafrika: geschälten Kürbis in Salzwasser garen, mit Butter, Mehl, Zucker, Ei und Kokosmilch mixen, mit Vanille würzen und etwa 1 Stunde als Auflauf backen.
- Indien: mit würziger Kartoffelfüllung, in Koriander-Ingwer-Sauce schmoren.
- Indien: raspeln, mit Gewürzen, Mehl und Kräutern mischen, zu Bällchen formen und fritieren.

EXTRATIP ~ In Japan werden dünne Streifen vom Flaschenkürbis getrocknet und als Dekoration oder wie eßbares Küchengarn verwendet: Mit *kampyo* hält man zum Beispiel gerollte Sushi zusammen.

Gemüsepapaya

Baummelone
Carica papaya
Familie der *Caricaceae* – Melonenbaumgewächse
englisch: *papaya, papaw, pawpaw*
französisch: *papaye*

Nährwert (pro 100 g):
12 kcal, 52 kJ; 0,5 g Eiweiß, 0,1 g Fett,
2,4 g Kohlenhydrate

Botanisch ist die Papaya ein verholztes Kraut – der Schopf mit bis zu 60 cm langen glatten Blättern an langen Stielen wirkt fast wie ein mächtiges Bund Petersilie. Papayabäume wachsen kerzengerade wie Palmen 6 bis 10 m hoch, bilden weder Seitenzweige noch Äste. Die Früchte hängen unterhalb der Blätter wie Spitzenklöppel dicht rund um den Stamm.

URSPRUNG UND VERBREITUNG ~ Vermutlich stammt die Papaya aus dem Süden Mexikos und aus Mittelamerika. Sie wurde von den Indianern kultiviert und von den Europäern verbreitet: Mitte des 16. Jahrhunderts brachten spanische Seefahrer Papayas nach Manila. Von dort kamen die Pflanzen in alle anderen tropischen Regionen.

ANBAU ~ Überall in den Subtropen und Tropen. Unreife Papayas (z. B. durch Sturm heruntergefallene) werden als Gemüse zubereitet, die ausgereiften Früchte als Obst gegessen.

IMPORTE ~ Per Luftfracht und Schiff das ganze Jahr über aus Brasilien, Costa Rica, Kenia und von der Elfenbeinküste. Die besten Früchte kommen aus Thailand.

Einkaufstip

Gemüsepapayas, d. h. unreife, grüne Obstpapayas, bekommen Sie leicht in Supermärkten und bei Gemüsehändlern – viele Händler sind sogar froh, wenn man sie ihnen abnimmt.

CHARAKTERISTIK

- Eßbar: Fruchtfleisch und Kerne.
- Form: je nach Sorte rundlich, ei- oder birnenförmig.
- Größe: 800 g–1 kg.
- Schale: dunkel- oder grasgrün.
- Fruchtfleisch: elfenbeinweiß und hart mit weißen Kernen; in der reifen Frucht sind die Kerne schwarz.
- Geruch: neutral, da sich die Fruchtsäuren mit dem typischen Papaya-Aroma noch nicht entwickelt haben.
- Geschmack: wie Kartoffeln.

VERWENDUNG ~ Roh und gegart.

VORBEREITUNG

- Waschen, halbieren und die Kerne entfernen.
- Schälen und nach Wunsch schneiden.

AUFBEWAHRUNG ~ Ganze Früchte etwa
1 Woche in einem kühlen, eher trockenen Raum; nicht in Zeitungspapier wickeln, denn darin reifen sie nach.

TYPISCHE GERICHTE

- Thailand: roh geraspelt als Salat (Rezept siehe S. 208).
- China: Scheiben von magerem Schweinebauch in Öl kräftig anbraten, mit geschälter, zerkleinerter Gemüsepapaya, Jujubefrüchten (siehe Glossar) in einen großen Topf schichten, Wasser zugießen und sanft kochen, bis die Flüssigkeit dick eingekocht ist.
- International: Papaya in Streifen schneiden, mit

Küchentips

*• Gemüsepapayas schmecken gut mit Zitrus-
schalen oder Zitrussaft gewürzt.*

*• Geben Sie ein paar Würfel Gemüsepapaya zu
Fleischgerichten: Unreife Papayas enthalten
besonders hohe Mengen des eiweißspaltenden
Enzyms Papain und machen Fleisch deshalb zart
und butterweich.*

Knoblauch, Tomaten und frischem Oregano in reichlich Öl braten und mit frisch gekochten dünnen Nudeln mischen.

EXTRATIP ~ Als Rindfleisch für den Wok brauchen Sie kein teures Filet: Nehmen Sie preiswertes Rouladenfleisch, belegen Sie es mit Schalenstücken von Gemüsepapaya und lassen Sie es 20 Minuten ziehen. Danach das Fleisch in Streifen schneiden und wie gewohnt braten.

Glasschmalz

Queller, Salzkraut

Salicornia europaea

Familie der *Chenopodiaceae* – Gänsefußgewächse

englisch: *glasswort, samphire, marsh-samphire*

französisch: *herb de Saint Pierre*

Nährwert:
keine Angaben verfügbar

Glasschmalz verlangt geradezu nach versalzenen Böden, damit es gut gedeihen kann. Die blattlosen Stengel erinnern an kleine Kakteen oder Algen; sie wachsen meist aufrecht zwischen 5 und 45 cm hoch.

URSPRUNG UND VERBREITUNG ～

Die Pflanze kommt wild an den Küsten der nördlichen Erdhalbkugel vor. In den salzhaltigen Schlickböden bildet sie dichte Teppiche und wird eigens angebaut, um die Verlandung zu fördern. In der Renaissance hat man das Kraut getrocknet, verbrannt und die sodahaltige Asche für preiswertes Glas verwendet.

ANBAU ～

Glasschmalz wird kaum kultiviert, sondern das ganze Jahr über „wild" gesammelt. Nur im späten Herbst, wenn die See zu unruhig ist, kommt es für einige Zeit nicht auf den Markt.

IMPORTE ～

Von April bis Juli vorwiegend aus den Niederlanden.

79

Einkaufstip

Glasschmalz bekommen Sie vorwiegend bei Fisch-händlern und auf Gemüsemärkten oft als „Algen" angeboten, obwohl es kein Meeresgemüse ist. Im Sommer können größere Stiele holzig sein.

CHARAKTERISTIK
- Eßbar: Stengel.
- Form: verzweigt wie Kakteen, mit deutlich sichtbaren Gliedern, an den Spitzen dick wie kleine Keulen.
- Farbe: sattgrün, gelblich oder rötlich und dabei glasig.
- Geruch: neutral und leicht salzig.
- Geschmack: salzig und nach Fisch.
- Qualitätsmerkmal: saftige Stengel.

VERWENDUNG ~ Roh und gegart.

VORBEREITUNG ~ Waschen, eventuell vorhandene Wurzeln abschneiden.

AUFBEWAHRUNG ~ Gut verschlossen in Plastikbeutel oder -box 2 – 3 Wochen im Kühlschrank.

TYPISCHE GERICHTE
- England: eingelegt mit Essig, trockenem Cider, Salz und geraspeltem Meerrettich.
- Frankreich: als Einlage in Fischsuppe.
- International: gedünstet oder gedämpft und mit Butter vermischt zu Fisch.
- International: mit grünen Blattsalaten gemischt zu gebratenen Langustenschwänzen.

Küchentips

- *Nur ganz junge Pflanzen schmecken.*
- *So kurz wie Blattspinat garen.*

EXTRATIP ~ Der englische Name *samphire* könnte eine Verballhornung des französischen *herb de Saint Pierre* sein: Das Kraut des hl. Petrus gräbt seine Wurzeln tief in die Ritzen der Felsen ein.

Goabohne

Flügelbohne, Flügelhülse, Vierwinkelige Bohne

Psophocarpus tetragonolobus

Familie der _Leguminosae_ – Schmetterlingsblütler

englisch: _winged bean, goa bean, four-angled bean, princess pea_

französisch: _haricot dragon, pois ailé, pois carré_

Nährwert (pro 100 g frische Schoten):
22 kcal, 91 kJ; 1,9 g Eiweiß, 0,2 g Fett,
3,1 g Kohlenhydrate
Nährwert (pro 100 g getrocknete Samen):
395 kcal, 1654 kJ; 37 g Eiweiß, 15 g Fett,
28 g Kohlenhydrate

Die Staude rankt wie Bohnen und braucht für die meterlangen, etwa fingerdicken Triebe kräftige Stützgerüste. Aus den großen weißen bis blaßblauen Blüten entwickeln sich lange Schoten mit abstehendem, gewelltem Saum auf vier Seiten.

URSPRUNG UND VERBREITUNG ~ Vermutlich stammt die Pflanze aus dem tropischen Asien; andere Forscher nehmen Madagaskar oder Mauritius an. Auf dem afrikanischen Festland wurden Goabohnen nicht kultiviert. Dorthin und in die Karibik kamen sie erst durch die Europäer, die sie in der 2. Hälfte des 17. Jahrhunderts auf den Molukken kennengelernt hatten.

ANBAU ~ In Südostasien, Indien, Ghana, Nigeria, Tansania und in der Karibik vorwiegend für den Eigenbedarf.

IMPORTE ~ Unregelmäßig aus Thailand.

CHARAKTERISTIK
- Eßbar: Blätter, Triebe, Blüten, Schoten, Samen und Wurzeln.
- Schoten: grün, 15–30 cm lang und bis 3,5 cm breit, mit vier gewellten Flügelchen versehen.

81

Einkaufstip

*Die Schoten, manchmal auch Samen der Goa-
bohnen bekommen Sie auf Bestellung in Thailäden
und bei manchen Fachhändlern für exotisches
Obst und Gemüse.*

- Samen: 8 – 17 Stück, rundlich, weiß, gelb, braun oder schwarz, glatt und glänzend wie frisch enthülste reife Erbsen.
- Geruch: nach Bohnen.
- Geschmack: zart, erinnern an Zuckerschoten.
- Qualitätsmerkmal: gleichmäßig grüne Schoten ohne Druck-stellen.
- Qualitätsmangel: vor allem am Saum gelbliche Schoten, die auch nach dem Garen zäh sind.

Küchentips

- *Goabohnen etwa
4 Minuten garen – so
bleiben sie schön zart.*
- *Reife Samen schmec-
ken geröstet gut.*
- *Falls Sie junge Blät-
ter, Triebe und Blüten
bekommen: wie Spinat
zubereiten.*

VERWENDUNG ~ Schoten roh oder kurz gegart.

VORBEREITUNG ~ Zuerst waschen, dann Stiel- und Blü-tenansatz knapp abschneiden.

AUFBEWAHRUNG

- Maximal 2 Tage im Kühl-schrank.
- Zerkleinern, blanchieren und wie grüne Bohnen einfrieren.

TYPISCHE GERICHTE

- Thailand: blanchiert im Salat mit fritiertem Knoblauch, Schalotten, roter Chilisauce, Gemüse-brühe, Erdnüssen, Sojasauce, Zitronensaft und Zucker, über-gossen mit eingedickter Kokosnußmilch.
- Indien: mit Senfkörnern, Kreuzkümmelsamen, roten Chili-schoten kräftig braten, mit etwas Kokosmilch mischen.

EXTRATIP ~ Falls Sie in einem Asienladen Wurzeln von Goa-bohnen bekommen: Etwa daumendicke sind am besten: Man kann sie roh, im Wok gebraten oder gedünstet essen.

Grüne Mango

Mangifera indica

Familie der *Anacardiaceae* – Sumachgewächse

englisch: *mango*

französisch: *mangue*

Nährwert (pro 100 g):
56 kcal, 236 kJ;
0,6 g Eiweiß, 0,3 g Fett,
12,8 g Kohlenhydrate

Mangos – Steinfrüchte wie Pfirsiche oder Pflaumen – sind mit Pistazie und Cashew verwandt. Die immergrünen Bäume wachsen schnell und sollen riesige Ausmaße erreichen können: bis zu 40 m hoch, mit etwa 7 m tiefen Wurzeln und einer Krone von 10 m. In Plantagen hält man sie auf einer Höhe von 10 bis 20 m.

URSPRUNG UND VERBREITUNG ~ Kultiviert wurden Mangos bereits vor mindestens 4000 Jahren in Indien. Inder haben die Frucht etwa 400 Jahre vor der Zeitenwende in ganz Asien heimisch gemacht: vom Malaiischen Archipel bis nach Südchina und Ostasien. Außerhalb Asiens wurde die Pflanze in zwei Etappen verbreitet: Zuerst haben Araber oder Perser sie im 10. Jahrhundert n. Chr. nach Ostafrika gebracht, dann kam sie im 16. Jahrhundert mit den Portugiesen nach Europa, Westafrika und Südamerika.

ANBAU ~ Mangos wachsen in allen tropischen Regionen bis in die Subtropen. Es gibt Früchte aus Plantagen oder Wildwuchs. Wildwuchs bedeutet, daß die Bäume nicht eigens für den gewerbsmäßigen Anbau kultiviert werden, sondern in Hausgärten, am Straßenrand oder auf freiem Feld wachsen.

Einkaufstips

- *Eine „grüne Mango" ist keine bestimmte Sorte, sondern eine unreife, harte Frucht, die man wie Gemüse zubereitet.*
Am besten zum Dippen und Schmoren eignet sich die lange, schlanke Thai-Mango mit ausgeprägter Spitze und dünner, dunkelgrüner Schale. Die etwa 300 g schwere Frucht hat gelbes, faserfreies, aber festes Fleisch.
Sie schmeckt auch hart schon mangotypisch und eine Spur nach Harz.
- *Die gut haltbaren Früchte bekommen Sie unregelmäßig bei Fachhändlern.*

IMPORTE ~ Das ganze Jahr über aus Malaysia, Thailand, Indien, Pakistan, Florida, Mexiko, Mittel- und Südamerika, Westindien, Israel, Afrika, von den Philippinen und aus Hawaii.

CHARAKTERISTIK
- Eßbar: Fruchtfleisch.
- Ungenießbar: Schale und Kern.
- Form: je nach Sorte rundlich, herz-, ei- oder nierenförmig.
- Gewicht: vorwiegend etwa 200 – 600 g.
- Schale: glatt und weich wie Wildleder, grasgrün, eventuell auch mit gelben oder rötlichen Sprenkeln.
- Fruchtfleisch: orange oder sattgelb, hart; je nach Sorte mit oder ohne Fasern.
- Geruch: eher neutral, da die Frucht noch unreif ist.
- Geschmack: säuerlich-herb und frisch; je nach Sorte trotz Unreife aromatisch, harzig oder leicht nach Terpentin.

VERWENDUNG ~ Roh und gegart.

VORBEREITUNG
- Entweder waschen, Haut abziehen oder mit einem Sparschäler entfernen, Fruchtfleisch in Scheiben schneiden.

● Oder die Frucht mit der flachen Seite in die Hand legen und ringsum bis zum Kern einschneiden, nacheinander die Schale der beiden Hälften abziehen und das Fruchtfleisch in Spalten vom Kern schneiden.

AUFBEWAHRUNG
● Nicht im Kühlschrank und immer getrennt von anderem Obst oder Gemüse: Mangos geben das Reifegas Ethylen ab.
● Ganze Frucht in einem kühlen Raum etwa 2 Tage.
● Aufgeschnittene Frucht abgedeckt oder in Folie gewickelt im Kühlschrank 1 Tag.

TYPISCHE GERICHTE
● Philippinen: mit Schalotten kurz in Kokosmilch garen.
● Indonesien/Bali: Mangostreifen einsalzen und gut abspülen, Kokosmilch mit Tomaten, einigen gehackten Mandeln, Chilischoten und Schalotten kochen, Mangostreifen untermischen und abkühlen lassen, mit pochierten Hühnerbruststreifen mischen und servieren.
● Indien: mit grobem Salz, Chilischoten, Bockshornkleesamen, Gelbwurz und schwarzen Senfsamen zu Chutney kochen.
● Thailand: mit gedämpften Makrelen, Schalotten, Ingwer, Chili, Limettensaft, gehackten Erdnüssen und Korianderblättchen als Salat zubereiten.

Küchentips

• *Mangos am besten in der Küche vorbereiten: Der Saft hinterläßt hartnäckige Flecken.*
• *Faserige Mangos für Suppen und Saucen pürieren.*

ACHTUNG ～ Es heißt, daß man zu Mangos nichts trinken soll, weil Flüssiges Magenbeschwerden verursachen kann – egal, ob Milch, Wasser oder Alkohol. Das soll bis zu 2 Stunden nach dem Verzehr und sogar für Obst-Mangos aus der Dose gelten. Die Gründe dafür sind nicht bekannt.

Haricot de mer

Meeresbohnen, Meeresspaghetti

Himanthalia elongata

Klasse der *Phaeophyceae* – Braunalgen

französisch: *haricot de mer*

Nährwert:
Verfügbare Angaben zu ungenau

Haricots de mer haften mit einem „Schwämmchen" von 3 bis 4 cm Durchmesser auf dem Untergrund und bilden braungrüne Thalli (siehe Glossar), dick und breit wie starke Riemen, die zwischen 3 und 10 m lang werden.

URSPRUNG UND VERBREITUNG ~ Die Braunalge gedeiht in Küstennähe an geschützten Plätzen ausreichender Strömung, so daß sich das Wasser ständig erneuern kann.

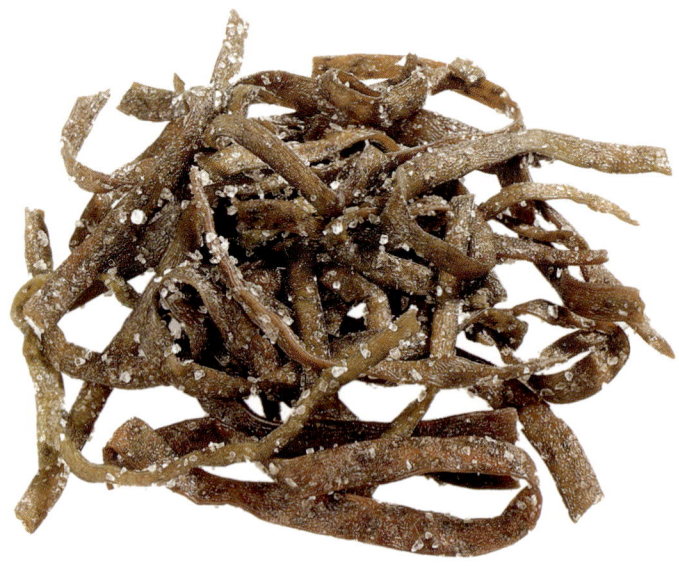

ANBAU ~ Haricots de mer ist eines der außerordentlich beliebten Meeresgemüse, das nur zum Essen und nicht wie andere Algen auch als Viehfutter angebaut wird. Allein in der Bretagne werden pro Jahr bis zu 10000 Tonnen davon geerntet. Schwerpunkt ist die Zeit von Mai bis Oktober.

IMPORTE ~ Frisch und eingesalzen von Mai bis Oktober vorwiegend aus Frankreich.

CHARAKTERISTIK

- Eßbar: die ganze Pflanze
- Aussehen: wie braune, breite Nudeln mit Salzkristallen.
- Geruch: nach Meer und Fisch.
- Geschmack: mild und würzig mit einem Hauch Fisch.

VERWENDUNG ~ Roh und gegart.

VORBEREITUNG

- Waschen und blanchieren.
- Für rohen Verzehr waschen und wie Blattgemüse zerkleinern.

AUFBEWAHRUNG ~ Frische Haricots de mer müssen genau wie Fisch und Meeresfrüchte rasch verbraucht werden.

TYPISCHE GERICHTE

- Frankreich: in Butter schwenken und als Beilage zu Fisch oder Meeresfrüchten servieren.
- International: unter Spaghetti mit Meeresfrüchten mischen.

Einkaufstip

Frische Haricots de mer bekommen Sie bei Fischhändlern auf Bestellung.

Hijiki

Hijikia fusiformis

Klasse der *Phaeophyceae* – Braunalgen

englisch: *hijiki*

Nährwert (pro 100 g getrocknete Hijiki):
201 kcal, 841 kJ; 5,6 g Eiweiß, 0,8 g Fett, 42,8 g Kohlenhydrate

Die vielfach verzweigte schwarze Alge wächst am besten an der Pazifikküste auf Felsen in 1 bis 2 m Tiefe, wo die Gezeiten für wechselnden Wasserspiegel sorgen. Zum Gedeihen braucht sie reichlich Sonne und muß trotzdem vom Meer umspült werden.

Einkaufstip

Weil der Jodgehalt von Meeresgemüse erheblich schwankt, dürfen getrocknete Algen in Deutschland grundsätzlich nicht als Lebensmittel verkauft werden. Vor allem Braunalgen können Jod aus dem Meerwasser in den Zellen konzentrieren. Deshalb finden Sie Hijiki und andere Algen in Naturkostläden als „Badezusatz".

URSPRUNG UND VERBREITUNG ~ Wie alle Braunalgen kommt Hijiki weltweit vor, gehört aber zu den typisch ostasiatischen Meeresgemüsen.

ANBAU ~ Hijiki ist nach einem Jahr reif und wird im Frühling mit der Hand geerntet. Einfaches Trocknen an der Sonne genügt bei dieser kräftigen Pflanze nicht. Hijiki wird nach dem ersten Trocknen 4 Stunden gedämpft, erneut getrocknet, mit dem Saft von Arame (siehe S. 22) schwarz gefärbt und schließlich an der Sonne getrocknet.

IMPORTE ~ Die getrocknete Alge ganzjährig aus Japan.

CHARAKTERISTIK
- Eßbar: die ganze Pflanze.
- Aussehen: Knäuel schwarzer Fäden, etwas dicker als Arame (S. 22); nach dem Kochen wie schwarze Suppennudeln.
- Geruch: getrocknet schwach nach Fisch, eingeweicht intensiver.
- Geschmack: eher streng, leicht süßlich und etwas nach Nüssen, außerdem nach Meer und Fisch.

VERWENDUNG ~ Gegart.

VORBEREITUNG
- Kalt abspülen und maximal 20 Minuten in reichlich kaltem Wasser einweichen, bis das Volumen etwa sechsmal so groß ist.

● Mit dem Einweichwasser in einen Topf geben, eventuell soviel frisches Wasser zugießen, daß die Hijiki davon bedeckt sind, aufkochen und etwa 50 Minuten kochen.

Küchentips

- *Hijiki ist die vielseitigste Alge; sie schmeckt sautiert im Wok, gekocht, gedämpft, gebacken oder fritiert.*
- *Sie ist durch ihre tiefschwarze Farbe besonders dekorativ.*
- *Zu lange eingeweichte Hijiki werden matschig.*

AUFBEWAHRUNG

● Aus der angebrochenen Packung in ein verschließbares Glas umfüllen.

● Kühl, trocken und dunkel gelagert halten sie sich monatelang.

● Feucht gewordene Algen im Backofen bei 50 °C wieder trocknen.

TYPISCHE GERICHTE

● Makrobiotisch: gekocht mit grünen Salatblättern anrichten, eine geraspelte Möhre darüberstreuen und mit einem Dressing aus Tofu, Öl, Essig, Reissirup und Miso anmachen; mit Minze oder Basilikum garnieren.

● Japan: 20 Minuten eingeweichte und sautierte Hijiki kochen, mit Shoyu würzen und mit kurz gegartem Brokkoli mischen.

● International: mit gegartem Reis und Gemüse im Wok braten.

EXTRATIP ~ Hijiki schmecken intensiver nach Meer und Fisch als andere Algen.

Keniabohne

Haricot vert

Phaseolus vulgaris ssp. *vulgaris*

Familie der *Leguminosae* – Schmetterlingsblütler

englisch: *French bean, green bean*

französisch: *haricot*

Nährwert (pro 100 g):
32 kcal, 136 kJ; 2,4 g Eiweiß, 0,2 g Fett, 5,1 g Kohlenhydrate

Sie gehören zur Gruppe der Gemüse- oder Gartenbohnen, die man ißt, bevor die Samen reifen; die Schoten sind dann noch zart und fleischig.

URSPRUNG UND VERBREITUNG ~ Die Urform stammt aus Süd- und Mittelamerika und wurde im Laufe der Jahrhunderte in vielen Sorten und allen Ländern der Erde verbreitet. Keniabohnen kamen bei uns zum erstenmal 1968 auf den Markt.

ANBAU ~ Tansania und Kenia in einem Gebiet zwischen Victoriasee und Nairobi.

Einkaufstips

- *Keniabohnen bekommen Sie auf Gemüsemärkten, bei gut sortierten Händlern und in Feinkostgeschäften.*
- *Bohnen, die bereits geputzt ohne Stiel- und Blütenansatz verkauft werden, besonders auf Frische kontrollieren und möglichst noch am selben Tag zubereiten.*

IMPORTE ~ Ganzjährig aus Kenia und Tansania mit Schwerpunkt in den Wintermonaten.

CHARAKTERISTIK
- Eßbar: die Schoten.
- Form: maccaronidünn, fadenfrei.
- Farbe: kräftig grün wie Buschbohnen.
- Geruch und Geschmack: wie grüne Bohnen, sehr mild und fein.
- Qualitätsmerkmal: pralle, gleichmäßig gefärbte Schoten ohne Druckstellen.
- Qualitätsmangel: schrumpelige Schoten, die faulen oder schimmeln.

VERWENDUNG ~ Gegart.

VORBEREITUNG ~ Waschen, Stiel- und Blütenansatz knapp abschneiden.

KÜCHENTIPS
- Keniabohnen brauchen Sie nicht zu blanchieren.
- Sie sind so zart, daß man sie im Wok mit anderen Gemüsestreifen gar braten kann.

AUFBEWAHRUNG
- Maximal 4 Tage im Kühlschrank.
- Blanchieren und wie grüne Bohnen einfrieren.

TYPISCHE GERICHTE
- USA: als Suppe mit gerösteten Mandeln.
- Asiatisch: mit Hackfleisch, entkernten Tomatenachteln und Maiskölbchen im Wok braten, mit Sherry, Reisessig und Sojasauce abschmecken und mit frischem Koriander bestreuen.
- International: als Salat mit grünem Spargel, Räucherlachs und Kernöl.

Klettenwurzel

Eßbare Klettenwurzel

Arctium lappa var. *edule*

Familie der *Compositae* – Korbblütler

englisch: *burdock*

japanisch: *gobo*

Nährwert (pro 100 g):
0,8 g Eiweiß, 0,1 g Fett; keine weiteren Angaben verfügbar.

Die Klettenwurzel gehört mit so unterschiedlichen Pflanzen wie Kopfsalat und Chicorée, Gänseblümchen und Salat-Chrysantheme (siehe S. 141) zur Familie der Astern, die im Spätsommer üppig in unseren Gärten blühen. Die verwandte große Klette wächst an Wegrändern und Schuttplätzen.

URSPRUNG UND VERBREITUNG ～ Die Japanische Klettenwurzel stammt aus Eurasien und soll vor über 1000 Jahren über China nach Japan gekommen sein.

ANBAU ～ In Japan, Taiwan und Kalifornien. Die Wurzeln werden im Frühjahr und Herbst gezogen, so daß man rund ums Jahr ernten kann. Da sie wichtiger Bestandteil makrobiotischer Ernährung sind, werden sie auch außerhalb Japans zunehmend kultiviert.

IMPORTE ～ In Deutschland ist es mir bisher noch nicht gelungen, Klettenwurzeln frisch zu bekommen. Auch mir bekannte Japanerinnen kaufen sie hier immer in Dosen oder tiefgefroren in Läden für japanische Lebensmittel.

CHARAKTERISTIK

● Aussehen: erinnert an Schwarzwurzel, allerdings länger und mit hellbrauner Haut.

● Form und Größe: bei einer Länge von bis zu 60 cm mit maximal 2 cm Umfang sehr dünn.

● Konsistenz: zart und dennoch knackig, etwa wie Schwarzwurzeln.

93

Küchentips

- *Frische Klettenwurzeln sollten Sie nicht schälen, denn die Schale enthält besonders viel Aroma.*
- *Bereits verfärbte frische Klettenwurzeln werden wieder hell, wenn man sie in Essigwasser kocht, können dann aber nur noch für Gerichte verwendet werden, die säuerlich schmecken sollen.*

- Geruch: neutral.
- Geschmack: neutral, verbindet sich hervorragend mit anderen Aromen wie zum Beispiel Sesamöl beim Braten oder Sojasauce und Sake beim Marinieren.

VERWENDUNG ~ Gegart.

VORBEREITUNG

- Klettenwurzeln in Dosen oder tiefgefroren sind bereits gekocht und können gleich verarbeitet werden.
- Frische Wurzeln wie Kartoffeln gründlich bürsten, die Enden kappen und die Wurzeln sofort in kaltes, mit ein paar Tropfen Zitronensaft oder Reisessig versetztes Wasser legen, damit sie sich nicht verfärben. Etwa 10 Minuten kochen.

AUFBEWAHRUNG

- In der geschlossenen Dose/im geschlossenen Glas bis zum aufgedruckten Haltbarkeitsdatum.
- Angebrochen aus der Dose in eine verschließbare Kühlbox umfüllen und maximal 3 Tage aufbewahren.
- Tiefgefroren wie anderes Gemüse.
- Frisch in lehmige Erde eingegraben oder in Plastikbeutel eingewickelt im Kühlschrank etwa 2 Wochen.

TYPISCHE GERICHTE AUS JAPAN

- Kaminar-jiru: Klettenwurzel braten und in einer Suppe mit Tofuwürfeln, Möhren, Shiitake, Lauchzwiebeln, neuen Kartoffeln, Konnyaku und Ingwer anrichten, mit heller und dunkler Sojasauce würzen.
- Kayaku Gohan: in Reis mit Pilzen und Möhren garen.
- Kinpira Gobo: in Öl sautieren, mit Sojasauce, Sake und Zucker garen, mit Paprikaflocken würzen; als Beilage zu Reis.

Knollenziest

Ziestknolle, japanische Kartoffel, Japanknolle, Japanziest,
Chinesische Artischocke, Krosne

Stachys affinis

Familie der *Labiatae* – Lippenblütler

englisch: *Chinese artichoke*

französisch: *crosne du Japon, crosne*

Nährwert:
keine Angaben verfügbar

Ziestknollen sehen recht merkwürdig aus: Chinesische Dichter sollen sie mit Jadeperlen verglichen haben, manche Gemüseexperten fühlen sich an Rosenkranz oder Perlenschnur erinnert, andere eher an Engerlinge oder Raupen. Die eßbaren Knöllchen der buschigen, 30–45 cm hohen Staude bilden sich an den Wurzelspitzen. Dabei schwellen nicht die winzigen Knoten an, die einer Wurzel oder auch einem Halm Stabilität verleihen (am besten kann man diese Knoten an einem Grashalm erkennen), dicker werden die langen Wurzelstücke zwischen den Knoten: So entstehen quergeringelte, raupenartige Gebilde.

URSPRUNG UND VERBREITUNG ~ Knollenziest stammt aus Japan, Mittel- und Nordchina. Die ersten gesunden Knollen kamen gegen Ende des 19. Jahrhunderts von Peking nach Paris. M. Pailleux, Vize-Präsident des Botanischen Gartens, pflanzte sie 1882 in Crosne bei Paris an. In Frankreich wurde Knollenziest rasch bekannt und gehört inzwischen zum traditionellen Gemüse. Im restlichen Europa blieb er eher Exote, obwohl er im Winter 1887 der renommierten britischen „Royal Horticultural Society" vorgestellt wurde.

ANBAU ~ In Japan, China, Neuseeland, England, Belgien, Frankreich und in der Schweiz. Die Ernte beginnt im Herbst, wenn Stengel und Blätter abgestorben sind. Die Knollen werden ausgegraben und in feuchtem Sand im Keller gelagert. Da sie winterhart sind, können sie aber auch im Boden bleiben und bei Bedarf geerntet werden.

Einkaufstips

• Das Gemüse ist teuer: Die Knöllchen müssen mit der Hand ausgegraben werden und sind in der Erde schwer zu finden.

• Knollenziest bekommen Sie auf großen Märkten und bei manchen Gemüsehändlern.

IMPORTE ~ Vorwiegend aus Frankreich von Oktober bis März.

CHARAKTERISTIK
- Eßbar: Knollen mit Haut.
- Größe: 1 – 2 cm im Durchmesser, 2 – 5 cm lang.
- Form: spindelförmig mit regelmäßigen Einschnürungen.
- Farbe: cremeweiß bis leicht gelblich.
- Fleisch: weiß; zart, saftig und knackig etwa wie Spargel.
- Geruch: neutral, etwas erdig.
- Geschmack: leicht herb und edel wie Artischocken, etwas erdig wie Schwarzwurzeln.
- Qualitätsmerkmale: straffe und helle Haut; saftig wie frische Spargelstangen und leicht zu brechen.
- Qualitätsmangel: trocken und braun verfärbt, eventuell mit Trieben.

VERWENDUNG ~ Roh oder gegart.

VORBEREITUNG

● Unter fließendem, kaltem Wasser abspülen und die Enden kappen.

● Falls man die Haut entfernen will: Ziestknollen in einem mit grobem Salz bestreuten Küchentuch reiben.

AUFBEWAHRUNG

● Frisch vom Markt: im Kühlschrank maximal 2 Tage.

● Aus eigener Ernte: im Boden lassen und bei Bedarf ausgraben.

TYPISCHE GERICHTE

● Frankreich: zerkleinert mit kaltem Wasser, Mehl, Zitronensaft und einer Prise Salz aufkochen und unter pürierten Rosenkohl mischen.

● England: wie Spargel mit Béchamelsauce und Kräutern.

● International: als Cremesuppe mit Miesmuscheln servieren.

EXTRATIP ~ Knollenziest kann man im Garten ziehen: einige Knollen in feuchten Sand eingraben und im Keller überwintern lassen. Dabei immer wieder mit Wasser besprengen, damit der Sand nicht austrocknet. Im März/April etwa 8 cm tief mit normalem Pflanzabstand ins Gartenbeet setzen.

Küchentips

• *Knollenziest kann man wie Spargel oder Teltower Rübchen zubereiten.*

• *Wie Blumenkohl nur knapp garen und zwischendurch mal kosten.*

Kochbanane

Gemüsebanane, Pferdebanane, Plantain, Mehlbanane

Musa x *paradisiaca*

Familie der *Musaceae* – Bananengewächse

englisch: *plantain*

französisch: *plantain*

Nährwert (pro 100 g):
126 kcal, 527 kJ;
1 g Eiweiß, 0,2 g Fett,
30 g Kohlenhydrate

Bananen sind die größten Kräuter der Erde: Die mächtigen Stauden wachsen wild bis 15 m, in Plantagen zwischen 6 und 9 m hoch. Die glatten, biegsamen Blätter sind so groß, daß man sie als Material für Dächer, Regenschutz und zum Kochen nimmt: Nigerianische Bohnenpaste (siehe Rezept S. 216), thailändische Desserts und indonesische Reisbissen *(Lontong)* zu Grillspießchen werden darin gegart. In Äthiopien soll es eine Bananengattung geben, deren Staude man verwendet: Jung ißt man sie als Gemüse, ausgewachsen dient sie als Faserpflanze.

URSPRUNG UND VERBREITUNG ~ Mit Zuckerrohr, Reis und Mango gehören Bananen zu den ältesten Kulturpflanzen. Die Urform ist wahrscheinlich schon vor 10 000 Jahren aus zwei Wildarten entstanden: *Musa accuminata* aus dem feuchtheißen Malaiischen Archipel mit relativ viel Fruchtfleisch und winzigen Samen und der robusten, samenhaltigen *Musa balbisiana* aus dem Gebiet Indien–Philippinen–Neuguinea. Im Laufe

98

der Zeit haben sich Bananen teils selbständig, teils durch See- und Handelsleute nach Ost und West verbreitet. Aus Kreuzungen von Obstbananen mit samenreichen Bananen sind schließlich Kochbananen entstanden, die während der Reife zwar auch farbig, aber nicht süß werden; die Stärke darin wandelt sich nicht in Zucker um. In Asien und vor allem in Afrika spielen sie als Grundnahrungsmittel seit jeher eine weit größere Rolle als Obstbananen. Obstbananen gibt es bei uns erst seit etwa hundert Jahren, Kochbananen sind noch kaum bekannt.

Einkaufstips

• *Kochbananen bekommen Sie in großen Warenhäusern, bei Fachhändlern für exotisches Gemüse und Obst und in vielen ausländischen Lebensmittelgeschäften.*

• *Es gibt Früchte, die man grün essen kann, und andere, die sich erst gelb oder braun färben müssen.*

• *In Läden mit Produkten aus Afrika und Indonesien weiß man am besten Bescheid, um welche Sorte es sich genau handelt.*

ANBAU ~ Überall in den Tropen; Hauptanbauländer für Kochbananen sind Südamerika, Costa Rica, Uganda, Nigeria, Ruanda, Zaire und Kamerun.

IMPORTE ~ Aus vielen Anbauländern, vor allem Costa Rica und Südamerika.

CHARAKTERISTIK

● Eßbar: Fruchtfleisch.
● Größe: von Fingerlänge bis etwa 50 cm.
● Form: doppelt so lang und meist dicker und/oder kantiger als Obstbananen.
● Schale: grün, gelb, rot bis violett.
● Fruchtfleisch: cremefarben bis gelb und rötlich.
● Geschmack: roh adstringierend wie Rhabarber, gegart mehlig wie Kartoffeln, süßlich wie Möhren oder süß-sauer.

VERWENDUNG ~ Gegart.

VORBEREITUNG ~ Schälen und je nach Rezept zerkleinern.

AUFBEWAHRUNG
● Reife Früchte bei Zimmertemperatur – im Kühlschrank verlieren sie ihr Aroma und werden fleckig.
● Nachreife: bei Zimmertemperatur.

TYPISCHE GERICHTE
● Indonesien/Sulawesi: kochen, zu Püree zerdrücken und mit Kokosmilch oder Flocken, Eiern und Vanille, Palmzucker und Rosinen als Kuchen backen.
● Indonesien/Java: in Stücken mit etwas Kokosmilch, Limettensaft, Palmzucker und Zimtstange schmoren, mit Kokosmilch servieren.
● Ghana: Scheiben in Salzwasser 15 Minuten garen; abtropfen lassen und in heißem Öl mit Chilies knusprig braten; mit frisch geraspeltem Ingwer bestreut servieren.
● Kolumbien: Scheiben wie Chips fritieren.
● Chile: roh reiben und in Hühner- oder Rinderbrühe als Suppe kochen.
● Brasilien: Chutney (siehe Rezept S. 206)

EXTRATIP ～ Unreife grüne Obstbananen kann man genauso wie Kochbananen zubereiten.

Küchentips

• Geschälte Kochbananen verfärben sich rasch, deshalb mit dem Saft von Zitrusfrüchten beträufeln.
• Geröstet werden sie knusprig, gekocht eher mehlig und geben Eintöpfen Bindung.

Kombu

Kelp

Laminaria japonica

Klasse der *Phaeophyceae* – Braunalgen

englisch: *kombu, konbu, kelp, sea tangle*

koreanisch: *miok*

Nährwert (pro 100 g
getrocknete Kombu):
287 kcal, 1200 kJ;
14,3 g Eiweiß,
1,1 g Fett,
54,9 g Kohlenhydrate

Die Algen bilden dichte Wälder auf dem Meeresgrund; ihre dicken, breiten Thalli (siehe Glossar) sind nur 6–30 cm breit und können bis zu 100 m lang werden. Am besten gedeihen sie in großen Tiefen mit gemäßigter Meeresströmung und Wassertemperaturen, die nur wenige Monate über 20 °C ansteigen.

URSPRUNG UND VERBREITUNG ~ Die Algengattung ist sehr artenreich und wächst weltweit in klaren, kalten Gewässern – je nördlicher, desto besser ist die Qualität. Wildes Kombu von 5–10 m Länge gilt als besonders fein. Es stammt aus den Küstengewässern vor der nördlichsten japanischen Insel Hokkaido und aus dem Atlantik vor der bretonischen Küste. Das europäische Kombu soll etwas kräftiger im Geschmack sein und mehr Mineralstoffe haben als die süßliche und weichere ostasiatische Alge.

Einkaufstips

- *Weil der Jodgehalt von Meeresgemüse erheblich schwankt, dürfen getrocknete Algen in Deutschland grundsätzlich nicht als Lebensmittel verkauft werden. Vor allem die Gattung Laminaria, zu der Kombu gehört, kann Jod aus dem Meerwasser in ihren Zellen konzentrieren. Deshalb finden Sie getrocknete Kombu und andere Algen in Naturkostläden als „Badezusatz".*
- *Frische Kombu können Sie bei manchen Fischhändlern bestellen.*

ANBAU ~

In Japan ist der Bedarf an Kombu so groß, daß es kultiviert werden muß. Die Thalli werden im Sommer von Tauchern geerntet, durch Wind und Sonne getrocknet, geschnitten, gefaltet und abgepackt.

IMPORTE ~

Getrocknet das ganze Jahr über vorwiegend aus Japan, frisch und eingesalzen ab und zu aus Frankreich.

CHARAKTERISTIK

- Eßbar: die ganze Pflanze.
- Aussehen: tief olivbraune Streifen, von denen man die Stücke nach Bedarf abschneidet.
- Geruch: getrocknet ziemlich neutral, eingeweicht nach Meer.
- Geschmack: leicht nach Fisch, je nach Herkunft mild und süßlich oder kräftig.
- Konsistenz: weich bis relativ zäh.
- Qualität: hochwertiges Kombu ist teuer.

VERWENDUNG

- Gegart als Würze, fritiert als Gemüse.

VORBEREITUNG

- 10 Minuten in lauwarmem Wasser einweichen.
- Mit dem Einweichwasser erhitzen und kurz vor dem Aufkochen herausnehmen.

AUFBEWAHRUNG ~ In der Originalpackung, nach Entnahme eventuell mit Clip oder Gummiband verschließen; bei kühler, dunkler und trockener Lagerung mehrere Monate haltbar.

TYPISCHE GERICHTE AUS JAPAN

● Vegetarische Dashi-Brühe: mit Wasser als Brühe gekocht als Suppengrundlage und Würze.

● Kayaku Gohan: in Reis mit Pilzen und Möhren garen.

EXTRATIP ~ Kombu gehört zu den Grundzutaten der japanischen Küche: Brühe mit Kombu gilt als noch feiner und eleganter als die normale Dashi-Brühe mit getrockneten Thunfischflocken.

Küchentips

• *Getrocknet sehen sich Kombu und Wakame (siehe S. 177) sehr ähnlich. Nach dem Einweichen erkennen Sie den Unterschied: Kombu wirkt wie ein dicker brauner Streifen, Wakame entfaltet sich zu transparenten grünen Blättern.*

• *20 – 30 g getrocknetes Kombu reicht für vier Portionen.*

• *Um das Aroma zu erhalten: die Kombustücke nicht waschen oder abspülen, sondern nur mit einem feuchten Tuch abreiben.*

• *Für besonders viel Aroma die Stücke leicht einkerben, dann wird natürliches Glutamat frei, das den Speisen noch mehr Würze gibt.*

• *In der Brühe knapp vor dem Aufkochen herausnehmen, damit die Brühe nicht zu stark nach Fisch schmeckt.*

• *Zum Würzen die Stücke trockenrösten und im Mörser zu Pulver zerdrücken.*

Laitue de mer

Meeressalat

Ulva lactuca und *Ulva rigida*

Abteilung der *Chlorophyceae* – Grünalgen

englisch: *sea lettuce*

französisch: *laitue de mer*

Nährwert:
Verfügbare Angaben zu ungenau

Laitue de mer ist der Sammelbegriff für eine Algengattung mit kurzen Stengeln und breiten, bis zu 50 cm langen Thalli (siehe Glossar), die in Form und Farbe an Blätter erinnern.

URSPRUNG UND VERBREITUNG ~ Die Grünalge ist in allen Weltmeeren heimisch und kann starke Schwankungen im Salzgehalt vertragen. Am besten gedeiht sie in kalten, ziemlich flachen Zonen: Sie braucht relativ viel Sonnenlicht. In salzarmem, zum Beispiel durch Stickstoffdüngung geschädigtem Meerwasser, breitet sich die Alge oft so stark aus, daß sie zur Plage wird.

Einkaufstips

- *In Naturkostläden gibt es getrocknete Laitue de mer zum Würzen.*
- *Frischen Meeresalat bekommen Sie bei Fischhändlern auf Bestellung.*

ANBAU ~ Meeresalat wächst sowohl wild auf felsigem Untergrund als auch kultiviert in Becken. Ernten kann man ihn rund ums Jahr mit Schwerpunkt im Frühling und im Sommer.

IMPORTE ~ Getrocknet das ganze Jahr über, frisch und eingesalzen vor allem von März bis Juli vorwiegend aus Frankreich.

CHARAKTERISTIK
- Eßbar: die ganze Pflanze.
- Aussehen: frisch wie Salat, leicht transparent und mehr oder weniger hellgrün; getrocknet dunkel wie Spinat.
- Geruch: frisch nach Meer; getrocknet nach Spinat.
- Geschmack und Konsistenz: frisch mild und würzig wie Salat, getrocknet eher salzig.

VERWENDUNG ~ Roh und gegart.

VORBEREITUNG
- Getrockneten Meeresalat waschen und 5 Minuten einweichen.
- Frischen Meeresalat blanchieren.
- Wie Blattgemüse zerkleinern.

AUFBEWAHRUNG
- Getrockneten Meeresalat in der Originalpackung, nach Entnahme eventuell mit Clip oder Gummiband verschließen; kühl, dunkel und trocken mehrere Monate.
- Frischen Meeresalat muß man genau wie Fisch und Meeresfrüchte rasch verbrauchen.

TYPISCHE GERICHTE
- Frankreich: in Butter schwenken und zu Fisch oder Meeresfrüchten servieren.
- International: Risotto mit Meeresfrüchten und Laitue de mer.

Lotuswurzel

Indischer Lotus, Indische Lotusblume

Nelumbo nucifera

Familie der *Nymphaeaceae* – Seerosengewächse

englisch: *Indian lotus root*

französisch: *lotus sacré, lotier*

Nährwert:
keine Angaben verfügbar

Lotus ist eine Wasserpflanze wie unsere Teichrosen. Wie Ingwer vermehrt er sich durch einen wurzelähnlichen Sproß, der unter Wasser wächst. Aus diesem Rhizom (siehe Glossar) treiben die sehr kräftigen, bis zu 2 m langen Stengel, die wie das Rhizom von Röhren durchzogen sind, damit die Pflanze „atmen" kann. Über den bis zu 60 cm großen blaugrünen Blättern stehen die prachtvollen rosafarbenen Blüten. Daraus entwickeln sich seltsame Gebilde, die an den Brausekegel einer Gießkanne erinnern: Es sind die Früchte, die zahlreiche haselnußgroße Samen enthalten.

URSPRUNG UND VERBREITUNG ~ Lotus stammt aus

einer Region am Kaspischen Meer, die sich nach Norden bis zum Wolgadelta, nach Süden bis zum Iran erstreckt. Die Pflanzen breiteten sich über Indien bis nach Japan und über Südostasien bis nach Australien aus. Im alten China hat man sie als Nahrungs-, Heil- und Zierpflanze kultiviert. Heute wächst der Lotus auch in Italien und Rumänien.

ANBAU ～ In Teichen oder wie Reis auf gefluteten Feldern; von Ende September bis ins zeitige Frühjahr, wenn die Rhizome groß genug sind, läßt man das Wasser abfließen und gräbt die Wurzelstöcke aus.

Einkaufstips

• *Getrocknet und konserviert in Dosen bekommen Sie Lotuswurzeln das ganze Jahr über in Asienläden, Feinkostgeschäften und bei Händlern für exotisches Obst und Gemüse.*

• *Frisch gibt es sie bei manchen Händlern auf Bestellung – am besten fragen Sie in Chinaläden nach.*

IMPORTE ～ Getrocknet und als Naßkonserve ganzjährig, frisch selten von Herbst bis Frühjahr.

CHARAKTERISTIK
● Eßbar: Blätter, Stengel, Samen und Rhizome.
● Form: ganz wie eine dicke Landleberwurst mit abgebundenen Enden; geschnitten löchrige Scheiben.
● Farbe: glatte hellbraune Schale wie Frühkartoffeln.
● Geruch: neutral.
● Geschmack: erinnert an Champignons.
● Qualitätsmerkmal: glatte Wurzeln, die sich fest anfühlen.
● Qualitätsmangel: runzelige Schale.

VERWENDUNG ～ Roh und gegart.

VORBEREITUNG
● Naßkonserven: direkt aus der Dose oder dem Glas verwenden.
● Getrocknet: wie Trockenpilze einweichen und nach Rezept zubereiten.
● Frisch: die Enden abschneiden, die Wurzeln wie Möhren schälen.

AUFBEWAHRUNG
● In der geschlossenen Konserve bis zum aufgedruckten Haltbarkeitsdatum.

- Angebrochen in eine verschließbare Plastikbox umfüllen und im Kühlschrank maximal 3 Tage aufbewahren.
- Getrocknet kühl und dunkel bis zum Haltbarkeitsdatum auf der Packung.
- Frisch maximal 2 Tage im Kühlschrank.

TYPISCHE GERICHTE

- Indien: in Scheiben schneiden, die Löcher mit gewürztem Kichererbsenmehl füllen, Stücke in Teig aus Kichererbsenmehl wenden und in reichlich Butterschmalz oder Öl braten.
- Japan: in Scheiben schneiden, die Löcher mit einer Masse aus Hackfleisch, Salz, Sojasauce, Sake, Ingwersaft und Stärke füllen, Stücke dann panieren und fritieren.
- China: in Scheiben schneiden, 10 Minuten einweichen, mit kochendem Wasser übergießen und abtropfen lassen, heißes Pflanzenöl mit Tabascosauce, Zucker, Essig, Sojasauce und etwas Sesamöl würzen; Lotuswurzeln damit übergießen und vor dem Servieren etwa 20 Minuten kühlen.
- Östliches China: geraspelt im Auflauf aus püriertem Fisch, Butter, Reiswein und Stärkemehl, mit geraspeltem Ingwer und Kerbelblättchen bestreuen.

> ## Küchentips
>
> - *Lotusscheiben aus der Dose braucht man nur erhitzen.*
> - *Bei frischen Lotuswurzeln die zarten jungen zum Rohessen nehmen, große und ältere schmecken gekocht besser.*

EXTRATIP ~ Kandierte Lotuswurzeln sind in China festliches Konfekt. Die Samen gibt es auch bei uns mit Sirup als süße Lotusfrüchte in Dosen sowie getrocknet und ebenfalls kandiert als Knabberei.

Luffa

Luffa acutangula

Familie der *Cucurbitaceae* – Kürbisgewächse

englisch: *angled loofah, ridged gourd*

französisch: *courge torchon, papangay, lian torchon des Antilles*

indonesisch: *oyong*

Nährwert:
keine Angaben verfügbar

Luffas gehören in Indien und China zu den beliebtesten Gemüsen. Die Pflanzen wachsen sehr schnell: Innerhalb von 2 Monaten nach der Aussaat kann man die Früchte ernten.

URSPRUNG UND VERBREITUNG ～ Wilde Luffas stammen vermutlich aus Nordwestindien, und man nimmt an, daß die Pflanze planmäßig auch zuerst in Indien angebaut wurde. Die kultivierten Arten sind inzwischen in den Hochtälern des Himalaya genauso heimisch wie in China, Südostasien und Ägypten.

ANBAU ～ Vor allem in Indien, Indonesien, Malaysia, Thailand und auf den Philippinen.

IMPORTE ～ Unregelmäßig aus Thailand.

CHARAKTERISTIK
● Eßbar: Früchte und Blätter.
● Frucht: unterschiedlich in der Form, lang und/ oder leicht gebogen, keulenförmig oder zum Stielansatz spitz zulaufend, immer mit deutlichen Längsrippen auf der sattgrünen Schale.
  ● Fruchtfleisch: zart, etwas schwammig und weißgrün.
  ● Geruch: neutral.

109

Einkaufstips

• Die Früchte der Luffas müssen Sie meist bestellen: in Asienläden und bei Fachhändlern für exotisches Obst und Gemüse.

• Am besten schmecken junge, schlanke Früchte mit weichen Längsrippen, die sich leicht biegen lassen.

● Geschmack: leicht süß und erdig; erinnert an kleine, aromatische Zucchini.

● Qualitätsmangel: bittere Früchte sind zu reif geerntet worden.

VERWENDUNG ～ Roh und gegart.

VORBEREITUNG

● Junge Früchte nicht schälen, sondern nur waschen und die faserigen Rippen mit einem Sparschäler – am besten Spargelschäler – entfernen, aber nicht schälen.

● Ältere Früchte mit lederiger Schale ganz abschälen.

● In Scheiben schneiden und die Scheiben zweimal diagonal teilen.

Küchentips

• Keilförmige Luffa-Stücke schmecken gebraten besonders gut; die Schale wird beim Garen knusprig und das Fleisch weich wie ein Schwamm.

• In einer beschichteten Pfanne mit wenig Fett braten.

AUFBEWAHRUNG ～ Ganze Früchte im Kühlschrank etwa 3 Tage.

TYPISCHE GERICHTE

● Westlich: wie Zucchini dünsten oder sautieren, mit Kräutern, gebräunter Butter oder geriebenem Käse abschmecken.

● China/kantonesische Küche: Luffa-Stücke mit Zwiebeln und Pilzen im Wok garen, mit Ingwer und Salz würzen.

Malabar-Spinat

Indischer Spinat

Basella alba

Familie der *Basellaceae* – Schlingmeldengewächse

englisch: *Malabar spinach, vine spinach, slippery vegetable*

französisch: *épinard de Malabar*

Nährwert (pro 100 g):
49 kcal, 196 kJ; 5 g Eiweiß,
0,7 g Fett, 5 g Kohlenhydrate

Das dicht wuchernde Kraut wächst zwischen 1 und 6 m hoch, trägt an dicken, reich verzweigten Stielen satt dunkelgrüne herzförmige Blätter – etwa so groß wie unser Wurzelspinat. Die Blätter des verwandten Ceylon-Spinats *(Basella rubra)* sehen ähnlich aus – allerdings mit rötlichen Blattrippen, die an rote Bete erinnern.

URSPRUNG UND VERBREITUNG ~ In der Forschung ist man sich nicht einig, ob Malabar-Spinat aus Asien oder Afrika stammt. Heute wächst er als wichtiges Blattgemüse in den tropischen Regionen beider Kontinente. Verbreitet wurde die Pflanze vermutlich durch den spanischen, portugiesischen und holländischen (Sklaven-)Handel des 17. und 18. Jahrhunderts.

ANBAU ~ Der Spinat wird durch Samen oder Ableger vermehrt. Im warmen feuchten Tropenklima gedeiht er im Freien, bei uns nur unter Glas. Wie bei unserem heimischem Spinat treiben die Pflanzen ständig nach, so daß man lange ernten kann: bei uns etwa 40 Tage, in den Tropen sogar etwa 5 Monate.

IMPORTE ~ Unregelmäßig, vor allem aus Thailand.

CHARAKTERISTIK
- Eßbar: Blätter und Stengel.
- Geruch: neutral, ein wenig nach Spinat.
- Geschmack: leicht erdig, doch angenehm mild, erinnert an eine Mischung aus Spinat und Mangold.
- Qualitätsmerkmal: saftige, gleichmäßig grüne Blätter ohne gelbe oder gar faule Stellen.

VERWENDUNG ~ Roh und gegart.

VORBEREITUNG ~ Verlesen, waschen und die harten Stiele entfernen.

AUFBEWAHRUNG ~ Maximal 2 Tage lose in einer Kühlbox oder einem großen Plastikbeutel im Kühlschrank.

TYPISCHE GERICHTE
- Indien: mit grüner Paprikaschote als Sauce, vermischt mit geröstetem indischem Käse (Paneer), gerösteten Zwiebeln und roter Paprikaschote.
- Indien: Senfsamen in Senföl anbraten, Chilischoten zugeben und die Spinatblätter darin unter Wenden dämpfen, bis sie glänzen; warm oder kalt servieren.
- Südafrika: in schwach gesalzenem Wasser blanchieren, mit einem Teil des Kochwassers und dicker Sahne pürieren, mit Salz, Pfeffer und Limettensaft abschmecken.
- Indonesien: als Suppe mit gebratenem Tofu, Maiskörnern und Kokosnuß.

Küchentip

Es heißt manchmal, daß Blätter und Stengel beim Garen einen leichten Schleim abgeben, der Schmorgerichte bindet.
Ich konnte das bei meinen Tests mit Malabar-Spinat nicht feststellen.

Maniok

Kassave, Cassava, Kassavawurzel, Mandioka, Tapioca, Yucca

Manihot esculenta

Familie der *Euphorbiaceae* –
Wolfsmilchgewächse

englisch: *cassava, manioc, tapioca*

französisch: *manioc*

Nährwert (pro 100 g):
133 kcal, 559 kJ; 1 g Eiweiß,
0,2 g Fett, 32 g Kohlenhydrate

Die Büsche von 2 – 5 m Höhe tragen hand-
förmige Blätter an langen Stielen und Blütenrispen mit männlichen und weiblichen Blüten. Die Früchte liegen in Kap-
seln, die reif mit lautem Knall platzen und
die Samen herausschleudern. Die Wurzeln enden in langen, dicken Knollen:
Manioks können bis zu 50 cm lang und 5 kg
schwer sein.

URSPRUNG UND VERBREITUNG ~ Maniok

stammt aus verschiedenen Regionen der Neuen Welt: eine Art
aus West- und Südmexiko, die andere aus dem Nordosten Brasiliens. In Peru wurde sie vermutlich bereits vor 4000 Jahren
kultiviert; die Überreste davon sollen einer der ältesten Nutz-
pflanzenfunde in Amerika sein. Portugiesische Sklavenhändler
brachten Manioks gegen Ende des 16. Jahrhunderts aus Brasilien nach Westafrika, etwa 100 Jahre später auch nach Indien.
Obwohl die Wurzel mittlerweile weltweit zu den wichtigsten
Grundnahrungsmitteln gehört, hatte sie lange Zeit nur regiona-
le Bedeutung. So verbreitete sie sich auf dem Schwarzen Kon-
tinent nicht direkt von West nach Ost, sondern gelangte wie-
derum von Brasilien aus über Réunion nach Madagaskar. In den
Pazifik kam sie durch spanische Seeleute.

ANBAU ~ Manioks liefern pro Flächeneinheit mehr Kalorien als jede andere Knollenpflanze. Deshalb ist der Anbau in den vergangenen Jahren stetig gestiegen, und heute zählen Afrika, Thailand und Brasilien zu den größten Maniokproduzenten. Es gibt zwei Sorten: frühreife süße Manioks als Gemüsepflanze und stärkereiche Knollen für Mehl, Tapioka und andere Maniokprodukte. An der Pflanze kann die ausgewachsene Knolle lange im Boden bleiben – als jederzeit verfügbare Nahrungsreserve; die Knollen gerodeter Büsche jedoch verderben rasch und werden für den Export mit einer konservierenden Wachsschicht versehen.

Einkaufstip

Maniok bekommen Sie bei Fachhändlern für exotisches Obst und Gemüse, in Asien, Lateinamerika- und Afrikaläden.

IMPORTE ~ Die Knollen das ganze Jahr über aus Brasilien, Costa Rica und Thailand.

CHARAKTERISTIK

- Eßbar: Knollen und junge Blätter.
- Aussehen: wie übergroße Süßkartoffeln.
- Schale: braun bis rötlich.
- Fleisch: weiß oder gelblich.
- Konsistenz: gegart etwa wie Salatkartoffeln.
- Geruch: neutral, etwas nach Stärke.
- Geschmack: neutral, verbindet sich hervorragend mit anderen Aromen wie Butter, Gewürzen oder süßen Zutaten.
- Qualitätsmangel: holzige, faserige Knollen sind zu lange gelagert worden.

VERWENDUNG ~ Nur gegart.

ACHTUNG ~ Keine der verschiedenen Manioksorten darf man roh essen! Die Milchröhren der Wurzeln enthalten giftige Blausäure, die sich erst beim Kochen vollständig verflüchtigt.

VORBEREITUNG

- Die Knolle mit der Wachsschicht wie eine Kartoffel schälen, waschen und längs halbieren.

114

- Den harten Strunk in der Mitte mit einem Messer herauslösen.
- Maniok grob zerkleinern und in reichlich Salzwasser etwa 30 Minuten bißfest kochen, nach Rezept weiterverarbeiten.

TYPISCHE GERICHTE

- Brasilien: zuerst kochen, dann wie Pommes frites ausbacken und zu scharfem Dip servieren.
- International: wie Kartoffeln braten oder als Püree zu Fisch und Fleisch servieren.
- Argentinien: Kekse aus Tapiokamehl (siehe unten).
- China: Tapiokaperlen (siehe unten) in Kokosmilch gegart als Dessert.
- Indonesien/Molukken: gehackte Maniokblätter mit zerkleinerten, eingesalzenen Bittergurken (siehe S. 49) in Salzwasser garen und mit einer in Bananenblättern gegarten Mischung aus scharfem Sambal (siehe Glossar), Schalotten, Kokosraspeln und Tamarindenwasser servieren.

Küchentip

Nehmen Sie Knollen von höchstens 30 cm Länge, denn sie lassen sich am einfachsten verarbeiten. Längere sind schwierig zu schälen und passen auch zerkleinert nicht in die üblichen Kochtöpfe.

AUFBEWAHRUNG

- Die ganze Knolle 3 – 4 Wochen.
- Eine aufgeschnittene Knolle 2 – 3 Tage.
- Gekochte Stücke wie Salzkartoffeln.

PRODUKTE AUS MANIOK

- *Ground cassava* oder *Farinha* ist Maniokmehl zum Backen, Panieren oder für Farofa (siehe Glossar).
- Tapiokamehl ist Maniokstärke, die man wie Kartoffelstärke zum Binden nimmt.
- Tapiokaperlen: ebenfalls Maniokstärke; sie wurde in Wasser angerührt, durch grobe Siebe gedrückt und getrocknet oder auf rotierenden heißen Platten zu trockenen Kügelchen geformt. Man verwendet sie vor allem zum Binden von Süßspeisen.

Moschuskürbis

Thai-Kürbis, thailändischer Kürbis

Cucurbita moschata

Familie der *Cucurbitaceae* – Kürbisgewächse

englisch: *pumpkin, winter squash*

französisch: *courge musquée*

Nährwert (pro 100 g):
19 kcal, 78 kJ; 1,1 g Eiweiß, 0,1 g Fett, 3,3 g Kohlenhydrate

Es gibt den Kürbis mit dem angenehmen Duft in vielen verschiedenen Formen: gerippt und orangefarben wie eine kleine-
re Ausgabe unserer heimischen Riesenkürbisse, rund und mit
grün gefleckter Schale wie eine Mischung aus Ogenmelone
und Zucchini, dunkelgrün wie eine Wassermelone oder birnen-

förmig wie eine Chayote (siehe S. 57). Allen gemeinsam ist die weiche Schale und das kräftig orangegelbe, zarte Fleisch, das so angenehm duftet.

URSPRUNG UND VERBREITUNG ~

Den genauen Ursprung kennt man nicht, doch man weiß, wo aus der Wildform die Kulturpflanze wurde: Die Ureinwohner von Mexiko und Peru haben die Moschuskürbisse kultiviert – nach archäologischen Hinweisen vor mehr als 5000 Jahren. Die Art wuchs auch weiter nördlich: Indianerstämme bauten die Kürbisse an den Rändern der Sümpfe und Zypressenwälder im Süden Floridas, den Everglades, an. Spanier und Portugiesen verbreiteten die Kürbisse nach Asien und Afrika. Heute wachsen sie in den Tropen beider Hemisphären.

Einkaufstip

Moschuskürbisse bekommen Sie auf Bestellung in Thailänden und bei Fachhändlern für exotisches Obst und Gemüse.

ANBAU ~

In allen genannten Verbreitungsregionen. Bestimmte Sorten für Kürbiskernöl werden in Österreich, Ungarn und Ländern der ehemaligen Sowjetunion angebaut. In Deutschland zieht man sie als „Haubenkürbisse" oder „Amerikanische Zucchini" in Gärtnereien und Hausgärten.

IMPORTE ~

Meist nur Früchte (1–2 Pfund schwer) unregelmäßig aus Thailand und anderen Anbaugebieten.

CHARAKTERISTIK

- Eßbar: junge Blätter, Früchte und Samenkerne.
- Form: je nach Sorte rund, länglich oder flachgedrückt.
- Schale: weich.
- Fruchtfleisch: gelb bis orangefarben, fein- bis grobkörnig oder gelatineartig, die Samen in der Mitte reichlich von Fasern umgeben.
- Geruch: nach Moschus.
- Geschmack: je nach Sorte mild, frisch wie Gurke, süßlich und aromatisch wie Melone.
- Qualitätsmerkmal: festes Fruchtfleisch.

VERWENDUNG ~ Roh oder gegart.

VORBEREITUNG ~ Waschen, schälen, Samenkerne herauslösen, Fruchtfleisch zerkleinern.

AUFBEWAHRUNG
- Ganze Frucht in einem kühlen Raum mehrere Monate.
- Aufgeschnittene Frucht locker in Folie gewickelt etwa 3 Tage im Kühlschrank.

TYPISCHE GERICHTE
- Philippinen: in Streifen geschnitten mit Mungobohnensprossen als Einlage in klarer Brühe.
- Japan: ungeschälte Stücke in Zuckerwasser 5 Minuten kochen, mit Sojasauce und Salz vermischen und nochmals kurz aufkochen.
- Türkei: Stücke in Zuckerwasser kandieren, mit grobgehackten Walnüssen und Sahne servieren.

EXTRATIP ~ Moschuskürbisse können Sie durch den Stielansatz von anderen Kürbisarten gut unterscheiden: Er ist glatt und sitzt wie mit der Schale verwachsen als mehr oder weniger breite Scheibe auf der Frucht. Bei Spaghettikürbis und Patisson (siehe S. 139) dagegen trägt er Furchen und wirkt wie angeklebt, weil er sich am Ansatz leicht verjüngt.

Küchentips

- *Sie schmecken am besten mit wenigen, klaren Aromen, wie z. B. Chili, Knoblauch und Zitrussaft oder Zitronenblättern, Kokosmilch und Koriander.*
- *Zum Füllen eignen sich Moschuskürbisse wegen der weichen Schale nicht so gut.*

Mungobohne

Jerusalembohne, grüne Sojabohne

Vigna radiata **var.** *radiata*
(Syn. *Phaseolus aureus*)

Familie der *Leguminosae* – Schmetterlingsblütler

englisch: *green gram, golden gram, mung bean*

französisch: *haricot doré, haricot mungo*

Nährwert (pro 100 g getrocknete Bohnen):
338 kcal, 1415 kJ; 23 g Eiweiß, 2 g Fett, 57 g Kohlenhydrate

Mungobohnen zählen zu den eiweißreichsten pflanzlichen Lebensmitteln und sind deshalb fester Bestandteil traditioneller vegetarischer Küche und alternativer Ernährung. Sie sind eng

Einkaufstips

mit Urdbohnen (siehe S. 171) verwandt; die olivgrüne Sorte sieht der grünen Urdbohne zum Verwechseln ähnlich. Bei uns relativ unbekannt sind geschälte Mungobohnen – gelbe Samen, die besonders leicht verdaulich und schneller gar sind als gelbe Linsen.

URSPRUNG UND VERBREITUNG ~ Mungobohnen stammen aus Indien und haben sich im Laufe der Jahrhunderte über ganz Mittel- und Ostasien verbreitet. Inzwischen werden sie überall in den Tropen kultiviert. Besonders in Trockengebieten mit heißen Sommern sind sie wichtiger Eiweißlieferant für die Menschen und Grünfutter für das Vieh.

ANBAU ~ Vor allem in Indien und Südostasien, auch in anderen tropischen Ländern und im Süden der USA. Geerntet wird, wenn die Schoten reif, aber noch nicht aufgesprungen sind.

IMPORTE ~ Die getrockneten Samen das ganze Jahr über.

CHARAKTERISTIK
- Eßbar: unreife Schoten und frische oder getrocknete Samen.
- Form: etwa 8 mm groß und oval.
- Farbe: gelb oder grün, mit auffälligem weißem Strich am Keimansatz.
- Geschmack: mild.
- Kocheigenschaft: kochen sehr zart, zerfallen nicht und nehmen Aromen gut auf.
- Qualitätsmangel: bei Überlagerung brauchen die Samen trotz Einweichens sehr lange zum Garen und/oder werden nicht gleichmäßig weich.

VERWENDUNG ~ Gegart, kalt oder warm.

VORBEREITUNG

● Ungeschälte Samen in reichlich kaltem Wasser mindestens 6 Stunden einweichen.

● Mit dem Einweichwasser, frischem, kaltem Wasser oder kalter Brühe in etwa 25 Minuten vorkochen.

● Garzeit insgesamt: etwa 50 Minuten.

● Geschälte Samen muß man vor dem Kochen nicht einweichen, sie sind in etwa 10 Minuten gar.

AUFBEWAHRUNG

● Getrocknet nach aufgedrucktem Haltbarkeitsdatum.

● Gegart, in verschlossenem Gefäß im Kühlschrank etwa 3 Tage oder einfrieren.

TYPISCHE GERICHTE

● Korea: Püree mit Gewürzen als Puffer ausbraten (siehe Rezept S. 214).

● Nordwestindien: eingeweicht ausgebreitet 30 Minuten trocknen lassen, dann unter Rühren in reichlich heißem Öl braten, warm mit Mangopulver (siehe Glossar), Zucker, Salz und Pfeffer mischen und als Snack servieren.

● Südindien: mit grünen Chilischoten, Kreuzkümmel, Curryblättern, Salatgurkenscheiben und Zitronensaft als Suppe zubereiten; anschließend mit gebratenen schwarzen Senfsamen und frischem Koriander würzen.

EXTRATIP ～ Aus dem Mehl von Mungobohnen werden Glasnudeln hergestellt.

Küchentips

• *Mungobohnen nur so lange kochen, bis sie gerade eben weich, aber noch nicht aufgeplatzt sind.*

• *Wenn Sie die Bohnen etwa 24 Stunden einweichen, verkürzt sich die Garzeit auf knapp 20 Minuten.*

121

Mungobohnen-sprossen

Sojasprossen, Lunja
Vigna radiata var. *radiata*
(Syn. *Phaseolus aureus*)
Familie der *Leguminosae* – Schmetterlingsblütler

englisch: *mung bean sprouts*

französisch: *pousses de haricot mungo*

chinesisch: *Longya, Douya*

Markennamen siehe Glossar

Nährwert (pro 100 g):
34 kcal, 140 kJ; 4,5 g Eiweiß, 0,7 g Fett, 2,3 g Kohlenhydrate

Es sind die Sprossen der grünen Mungobohne (siehe S. 120), die entweder als Sojasprossen, Sojabohnensprossen oder unter dem Markennamen „Lunja" (siehe Glossar) verkauft werden. Oft kann man zwischen zwei Sorten wählen: kleine Sprossen,

an denen noch die gekeimten Bohnensamen mit grünen Schalenresten hängen, und längere Sprossen ohne Samen und Schalen. Beliebt sind sie vor allem für Füllungen in Frühlingsrollen.

URSPRUNG UND VERBREITUNG ～ Mungobohnen stammen aus Indien. Ihre Sprossen gehören ebenfalls in China, in den chinesisch beeinflußten Küchen Südostasiens, in Korea und Japan seit Jahrhunderten zum alltäglichen Frischgemüse.

Einkaufstips

- *Die Sprossen gibt es in Supermärkten, Naturkostläden und Reformhäusern zu kaufen.*
- *Auf allen Sprossen wachsen Keime. Deshalb nur aus dem Kühlregal nehmen und beim Folienbeutel darauf achten, daß er nicht gebläht ist.*

ANBAU ～ Bedingt durch alternative Ernährungsformen ist die Nachfrage sehr hoch, und die Sprossen werden inzwischen weltweit produziert. Man kann sie auch leicht selber ziehen (siehe S. 205).

ANGEBOT ～ Ganzjährig aus Deutschland, den Niederlanden und Belgien.

CHARAKTERISTIK
- Eßbar: Sprossen mit anhängenden Samen- und Schalenresten.
- Form: etwa streichholzdick, 4 – 9 cm lang.
- Farbe: weiß-gelblich und etwa so zart wie die Rippen von Kopfsalat.
- Geschmack: mild, erinnert an eine Mischung aus Kopfsalat und Endivie mit einem Hauch von grünen Bohnen, knackig wie ein Stangensellerie.
- Qualitätsmerkmale: gleichmäßig helle Sprossen, Samen- und Schalenreste saftig und ohne Flecken.
- Qualitätsmängel: muffig riechende Sprossen, Schimmel oder Fäulnis an Samen- und Schalenresten, aufgeblähter Folienbeutel.

VERWENDUNG ～ Roh und kurz gegart.

VORBEREITUNG ～ Wie Salat waschen und anschließend trockenschleudern.

Küchentips

• Selbstgezogene Sprossen erst unmittelbar vor dem Servieren ernten.

• In der chinesischen Küche gehören Mungobohnensprossen zu den „kühlen" Lebensmitteln und werden gegart und/oder mit „warmen" Zutaten kombiniert, zum Beispiel mit Ingwer, Chili und/oder Knoblauch.

• Für Salate die Sprossen blanchieren und ebenfalls mit „warmen" Zutaten wie Pinien- und Walnußkernen, Sojaöl, Essig und/oder Thymian, Salbei, Kreuzkümmel, Sternanis würzen und anrichten.

AUFBEWAHRUNG

● Mit Samen- und Schalenresten: in einer Kühlbox mit Wasser bedeckt und verschlossen maximal 3 Tage im Kühlschrank, das Wasser täglich wechseln.

● Die reinen Sprossen ohne Samenrest höchstens ein paar Stunden im Kühlschrank.

TYPISCHE GERICHTE

● Indien: im Salat mit Gurken, Kokosflocken, Tomate, frischem Koriander, Chili, reichlich Zitronensaft und Pfeffer.

● China: zu gebratenen Reisnudeln aus dem Wok mit Möhrenstiften, Frühlingszwiebelringen, geschnetzeltem Rind.

● Vietnam: zu einem Salat mit Streifen von Römersalat, Salatgurke und Möhren, Koriandergrün und Minze mischen und ein Dressing aus Fischsauce, Zitronensaft, Reisessig, zerdrücktem Knoblauch, Zucker und Chili darübergießen, mit Erdnüssen bestreuen.

● USA: mit Schinkenstreifen, Mu-Er-Pilzen, Frühlingszwiebeln, Ingwerstiften und verklopften Eiern mischen und als Omelett braten.

● International: als Füllung für Blätterteigtaschen oder Frühlingsrollen.

EXTRATIP ～ Die Sprossen ohne Samenrest gelten in der chinesischen Küche als die besten, denn sie garen gleichmäßiger und schneller.

Nori

Porphyra tenera

Meeresgemüse aus Rotalgen

englisch: *nori*

Nährwert (pro 100 g getrocknete Nori):
326 kcal, 1364 kJ;
35,6 g Eiweiß, 0,7 g Fett, 44,3 g Kohlenhydrate

Als Hülle für Sushi ist Nori weltweit beliebt. Es handelt sich nicht um eine spezielle Pflanze, sondern um verschiedene eßbare Algen der Gattung *Porphyra*, die in Japan zu Blättern gepreßt werden; korrekt heißen sie *asakusa nori*. Diese Algen sammelt man übrigens auch in Europa – *laver bread* heißt ein

typisches walisisches Gericht aus gekochten *Porphyra*-Algen, die man in Hafermehl taucht und fritiert.

URSPRUNG UND VERBREITUNG ~ Die Algen gedeihen besonders gut in Flußmündungen, weil sie dort besser mit Nährsalzen versorgt werden. Süßwasser trägt gleichzeitig zum milden Aroma der Noriblätter bei.

ANBAU ~ Kultiviert wird Nori in Japan und Korea seit etwa 300 Jahren. In Ostasien ist der Nori-Verbrauch enorm: Allein die Japaner sollen jährlich mehr als 10 Milliarden Noriblätter konsumieren. Farmen gibt es außerdem an den Pazifikküsten der USA, im Bundesstaat Washington und in Kanada. Die Algen werden in Betonbecken angezüchtet und im Frühherbst auf weitmaschige Netze zwischen festen Pfählen in Ufernähe ausgebracht. Nach einigen Wochen sind die Netze dicht bewachsen. Die Algen werden mit der Hand geerntet, in Süßwasser gespült, zerkleinert, zwischen Matten gepreßt und getrocknet – überwiegend in Trockenkammern. Nur bestes Nori ist noch heute an der Sonne getrocknet.

Einkaufstips

* *Nori-Blätter müssen luftdicht verpackt sein, damit Farbe und Aroma erhalten bleiben.*
* *Nori-Produkte (siehe unten) bekommen Sie in Japan- und anderen Asienläden.*

IMPORTE ~ Getrocknete Blätter der *Porphyra*-Algen das ganze Jahr über aus Japan.

CHARAKTERISTIK

● Eßbar: die ganzen Pflanzen verschiedener Rotalgen.
● Geruch: getrocknet neutral; geröstet angenehm würzig.
● Geschmack und Konsistenz: getrocknet neutral und hart; geröstet knusprig, dennoch biegsam.
● Qualitätsmerkmal: glänzendschwarze Blätter mit zartem Purpurschimmer.
● Qualitätsmängel: grünlich-schwarzes Nori; Blätter mit rosa Schimmer sind falsch gelagert.

VERWENDUNG ~ Geröstet.

VORBEREITUNG ~ Purpurfarbene Noriblätter zum Rösten über Gasflamme, Kerzenflamme oder die heiße Herdplatte halten, bis sie sich grün färben, duften und knusprig sind.

Küchentips

• *Vorsicht beim Rösten, die Blätter verbrennen rasch.*
• *Grüne Noriblätter für Sushi sind bereits geröstet.*

AUFBEWAHRUNG ~ Dunkel und trocken einige Tage – Licht und Luft schaden dem Aroma.

TYPISCHE GERICHTE
●Japan: zerkrümeln und heißen Reis damit würzen.
●Japan: in Streifen geschnitten als Hülle für warmen Reis, der mit Umeboshi-Paste (siehe Glossar) gewürzt ist.
●Japan: Yaki-Nori (siehe Extratip) für Sushi.
●Japan: Ajitsuke-Nori (siehe Extratip), frisch gegarter Reis und Misosuppe.
●Östliches China: Hühnerstücke mit Frühlingszwiebeln, Reiswein, Essig, Sojasauce, Salz, Zucker und Brühe schmoren. Zum Schluß mit zerpflückten Nori mischen.

EXTRATIP
Sie können verschiedene Produkte aus Nori kaufen:
●Yaki-Nori: geröstete Blätter für Sushi.
●Kizami-Nori: geröstet und in feinen Streifen zum Bestreuen von Nudeln und Salaten.
●Ajitsuke-Nori: geröstet und mit Sojasauce gewürzt zum Knabbern oder für Sushi.
●Ao-Nori: Pulver zum Garnieren und als Würze (zum Beispiel für Kartoffelchips).

Okra

Abelmoschus esculentus (Syn. *Hibiscus esculentus*)

Familie der *Malvaceae* – Malvengewächse

englisch: *okra, lady's fingers, gumbo*

französisch: *gombo*

Nährwert (pro 100 g):
19 kcal, 78 kJ; 2,1 g Eiweiß, 0,2 g Fett, 2,2 g Kohlenhydrate

Okrapflanzen wachsen als Kraut bis zu 2 m hoch und tragen malvenartige weiße, gelbe oder rötliche Blüten. Die Schoten, die sich daraus bilden, hängen nicht wie Bohnenschoten nach unten, sondern stehen aufrecht rund um den dicken Stengel – etwa wie die Blätter von Sauerampfer.

URSPRUNG UND VERBREITUNG ~ Okras stammen vermutlich aus Afrika: Die beiden gebräuchlichen Bezeichnungen „okra" und „gumbo" kommen aus westafrikanischen Sprachen. Heute wachsen die Pflanzen im Mittelmeergebiet, den Tropen und Subtropen Afrikas, Asiens und Amerikas.

ANBAU ~ Im Mittelmeerraum, in Nord- und Ostafrika, im Süden der USA sowie in Mittelamerika und Westindien.

IMPORTE ~ Ganzjährig aus Kenia, von Juni bis Oktober aus Sambia, Mali, Senegal und Zypern, von Juni bis August aus Ägypten, von Juli bis Oktober aus der Türkei, von Dezember bis Juni aus Brasilien und Mittelamerika.

Einkaufstips

- *Okraschoten bekommen Sie auf Märkten, beim Gemüsehändler und in einigen Supermärkten.*
- *Fingerlange Schoten sind die zartesten, längere können holzig sein.*
- *Die besten Okras kommen aus Kenia.*

CHARAKTERISTIK

- Eßbar: die Früchte.
- Aussehen: bis zu 20 cm lange, kegelförmige Schoten mit 4–5 Rippen, deutlicher Spitze und mit feinem Flaum bedeckt.
- Fruchtfleisch: weiß mit eßbaren kleinen Kernen.
- Besonderheit: Okras enthalten einen milchigen Schleim, der neutral schmeckt und Schmorgerichten Bindung gibt.
- Geruch und Geschmack: mild bis herb, erinnert an Bohnen.
- Qualitätsmerkmal: pralle, gleichmäßig gefärbte Schoten ohne Druckstellen.
- Qualitätsmangel: holzige, faulende oder schimmelnde Schoten.

VERWENDUNG ~ Roh oder gegart.

VORBEREITUNG ~ Waschen, den Stielansatz abschneiden und die Schoten eventuell zerkleinern.

AUFBEWAHRUNG

- Frische, ganze Schoten etwa 2 Tage im Kühlschrank.
- Blanchiert kann man sie wie grüne Bohnen einfrieren.

TYPISCHE GERICHTE

- Indien: mit Zwiebeln und Knoblauch in Butterschmalz braten, mit Garam Masala (siehe Glossar) würzen.
- USA/Neumexiko: als Eintopf mit weißen Riesenbohnen, Tomaten und Garnelen zubereiten.
- Karibik/Barbados: in Maisflammeri (siehe Rezept S. 213).
- Brasilien: im Ganzen fritieren oder in fingerdicke Stücke schneiden und in Olivenöl rasch braten.

Küchentips

- *Holzige Okraschoten kann man nicht mehr verwenden.*
- *Okras sofort nach der Vorbereitung verarbeiten, sonst bildet sich zuviel Schleim.*

● Nigeria: in dicker Suppe mit Hähnchen, Tomaten und Gewürzen garen.

EXTRATIP ～ Für die Schleimbildung spielt es keine Rolle, wie Sie die Schoten schneiden, ob sie in Essigwasser gelegt oder vorab in Salzwasser blanchiert werden. Denn nicht diese Vorbereitung, sondern die Garmethode ist wichtig: Beim langsamen Schmoren in Eintöpfen sondern sie immer Schleim ab. Fritiert oder in heißem Öl rasch sautiert, sind die Schoten so „versiegelt", daß sie knackig und trocken bleiben.

Paksoi

Pak-Choi

Brassica rapa var. *chinensis*

Familie der *Cruciferae* – Kreuzblütler

englisch: *Chinese cabbage*

chinesisch: *Bai Cai*

französisch: *pak-choi, pak-choy*

Nährwert:
keine Angaben verfügbar

Der Kohl bildet keine Köpfe wie der verwandte Chinakohl, sondern erinnert mit seiner dicken Blattrosette an Mangold, der allerdings einer anderen Pflanzenfamilie zuzuordnen ist.

URSPRUNG UND VERBREITUNG ~ Die Pflanze stammt aus Südostasien. In China wird sie als Gemüse schon seit mehr als 2000 Jahren angebaut. Eine bestimmte Sorte wurde nur wegen ihrer Samen kultiviert, die Öl zum Kochen und für Lampen lieferte. In Europa ist Paksoi seit Mitte des 18. Jahrhunderts bekannt; vermutlich haben holländische Kaufleute die Samen mitgebracht. Heute gehört Paksoi in Asien, Europa und USA zu den wichtigen Gemüsepflanzen.

ANBAU ~ Haupterzeuger sind die Niederlande, China, Thailand, Taiwan, Japan und Korea.

131

IMPORTE ～ Ganzjährig, vorwiegend aus den Niederlanden mit Schwerpunkt im April und Mai. Kleine Mengen aus heimischem Anbau von September bis November.

CHARAKTERISTIK
● Eßbar: Blätter mit den Blattstielen.
● Aussehen: Rosette mit weißen, flachen und etwa 3 cm breiten Stielen, die sich zu schönen dunkelgrünen Blättern erweitern.
● Geruch: zart nach Kohl.
● Geschmack: ähnlich wie Chinakohl, doch milder und eine Spur erdig.
● Qualitätsmerkmal: saftige, unverletzte dunkelgrüne Blätter an dicken, fleischigen Stielen ohne braune Flecken.

Küchentips

• *Im Wok bei starker Hitze höchstens 3 Minuten braten: So bleiben Aroma und Farbe erhalten.*

• *Als Gemüse nur wenig salzen, besser schmeckt Fischsauce oder Sojasauce in asiatischen Gerichten.*

• *Salat mit mildem, süßem Essig und entweder mit Kräutern oder ausgebratenen Speckwürfeln mischen.*

VERWENDUNG ～ Roh und gegart.

VORBEREITUNG ～ Waschen, Blattstiele mit Blättern in Streifen schneiden.

AUFBEWAHRUNG ～ Maximal 4 Tage im Kühlschrank.

TYPISCHE GERICHTE
● International: wie Mangold als Gemüsebeilage oder als Salat mit Vinaigrette.
● International: wie Kohlröllchen mit Knoblauchkäsecreme füllen, schmoren und mit neuen Kartoffeln servieren.
● Thailand: in saurer Fischsuppe mit frischen Chilischoten.
● China: mit Cashewnüssen, zerkleinerten Kartoffeln, Tomaten, frischem Ingwer und etwas Öl in einen Topf geben, mit Wasser bedecken und dick einkochen, mit Salz und Pfeffer würzen.
● Chinesische Art: mit Gemüse, Pilzen und Fleisch oder Shrimps im Wok braten.

132

Palmenherzen

Palmito, Palmenmark, Palmkohl

vor allem *Euterpe edulis* und *Euterpe oleracea*

Familie der *Arecaceae (Palmae)* – Palmengewächse

englisch: *palm hearts*

französisch: *cœurs de palmier*

Nährwert:
keine Angaben verfügbar

Palmenherzen sind die Vegetationskegel an der Spitze des Stammes, aus dem die Blattwedel wachsen. Sie können von verschiedenen Palmen stammen: So fallen sie als Nebenprodukt beim Verwerten von Kokospalmen, männlichen Dattelpalmen und bei Urwaldrodungen an. Gewöhnlich aber wird das Palmenmark aus fünf bis sieben Jahre alten Assaipalmen (*Euterpe edulis*) gewonnen, die man eigens für die begehrte Delikatesse in Plantagen kultiviert. Diese Palmen vermehren

Einkaufstips

- *Palmenherzen gibt es überall fast nur noch konserviert.*
- *Sogar im Anbauland Brasilien, wo sie zu den wichtigen Spezialitäten gehören, kann man sie frisch nicht bekommen. Ohne die Hüllblätter verfärbt sich das Mark sehr rasch bräunlich, es muß innerhalb von zwei Tagen verarbeitet werden und eignet sich nicht für den Transport. Zudem ist das Fällen wild wachsender Palmen inzwischen verboten, so daß frische Palmenherzen auch nicht – wie noch vor einigen Jahren – gelegentlich von Bauern am Straßenrand angeboten werden.*

sich durch Wurzelschößlinge und wachsen in Gruppen. Bei der Ernte stirbt nicht – wie bei einstämmigen Palmen – die ganze Pflanze, sondern nur der Stamm ab, dessen Mark man entnommen hat.

URSPRUNG UND VERBREITUNG ~ Assaipalmen wachsen wild in Brasilien und den südamerikanischen Sumpfgebieten rund um den Äquator. Kohlpalmen (*Euterpe oleracea*) sind von Venezuela bis Brasilien verbreitet und kommen vor allem im Amazonasgebiet vor. Zahlreiche andere Palmengattungen, deren Mark man essen kann, gedeihen überall in den Tropen.

ANBAU ~ Plantagen in Brasilien, Paraguay, Argentinien und Florida. Bei der Ernte wird der Stamm der Palme abgeschlagen und das bis zu 1 m lange, etwa armdicke Mittelstück herausgeschält. In dessen Mitte sitzt das „Herz", umhüllt von grünen, holzigen, unregelmäßig dicken Schichten, die man ebenfalls abschälen kann – alle diese Schichten sind die Jahresringe der Palme. Im Inneren stößt man auf den eßbaren weichen, zarten Kern. Er wird gekocht, in gleich lange Stücke geschnitten und in Dosen oder Gläsern konserviert.

IMPORTE ~ In Konserven das ganze Jahr über.

CHARAKTERISTIK

- Aussehen: rund wie eine dicke Möhre und je nach Sorte weiß wie Spargel oder bräunlich wie Bambussprossen.
- Konsistenz: weich, zart und dennoch knackig (etwa wie Schwarzwurzeln).
- Geruch: erinnert an Artischockenherzen aus der Dose.
- Geschmack: mild und je nach Sorte nußartig; Palmenherzen aus Dose oder Glas schmecken immer leicht säuerlich, weil sie mit Essig oder Zitronensäure konserviert sind.

Küchentips

- *Salz sparsam verwenden oder ganz weglassen. Palmenherzensalat kann man auch nur mit Balsamessig und Öl oder mit Pesto würzen.*
- *Zum Schmoren für Füllungen etwa 10 Minuten garen, bis das Mark mit dem Kochlöffel zu einer cremigen Masse verrührt werden kann.*

VERWENDUNG ~ Direkt aus Dose oder Glas; roh oder gegart.

VORBEREITUNG

- Abtropfen lassen, eventuell holzige Stellen längs einritzen und abschälen.
- Für Salat in etwa fingerdicke Scheiben schneiden.
- Als Gemüse im Siebeinsatz dämpfen.

AUFBEWAHRUNG

- In der geschlossenen Konserve bis zum aufgedruckten Haltbarkeitsdatum.
- Angebrochen aus Dose/ Glas in eine verschließbare Kühlbox umfüllen und im Kühlschrank maximal 3 Tage aufbewahren.

TYPISCHE GERICHTE

- International: wie Carpaccio in dünnen Scheiben mit Basilikum, Balsamessig und Olivenöl.
- Brasilien: mit Tomaten, Zwiebeln, Knoblauch und Erbsen geschmort als Füllung für Blätterteigtäschchen.
- Brasilien: als Cremesuppe.

EXTRATIP ~ Nehmen Sie kleine Dosen – die enthalten gewöhnlich zartere Stücke als große.

Parkia

Stinkbohne
Parkia speciosa
Familie der *Leguminosae* – Hülsenfrüchtler

englisch: *stink bean*

französisch: *peté*

Nährwert:
keine Angaben verfügbar

Die immergrünen Parkiabäume werden bis zu 30 m hoch und bilden mit ihren weiten Kronen wichtige Schattenspender. Damit gehören sie zu den wenigen Hülsenfrüchten, die als richtige Bäume wachsen. Aus den kleinen gelblichweißen Blüten bilden sich die mächtigen Schoten, die büschelweise an langen Stielen hängen.

URSPRUNG UND VERBREITUNG ～ Parkia stammen aus den Regenwäldern Thailands und werden in tropischen Regionen Ostasiens als Zierbäume angebaut. Varietäten wachsen unter anderem in den Regenwäldern auf Java; die Samen der Schoten ißt man roh oder geröstet.

ANBAU ～ Vor allem im Süden Thailands und in Indonesien; Parkia gehören zu einigen Regionalküchen Südostasiens.

IMPORTE ～ Unregelmäßig das ganze Jahr über aus Thailand und Indonesien.

Einkaufstip

CHARAKTERISTIK

- Eßbar: junge Blätter und frische Samen.
- Form: Schoten bis zu 45 cm lang, 3–5 cm breit, flach und gedreht, die Samen sind etwa so groß wie dicke Bohnen und zeichnen sich deutlich in den Schoten ab.
- Farbe: satt dunkelgrün.
- Geruch: leicht nach Knoblauch.
- Geschmack: nußähnlich, leicht bitter, eine Spur nach Knoblauch und Kohlrabi.
- Qualitätsmerkmal: sattgrüne und pralle Schoten.
- Qualitätsmangel: Schoten verlieren das satte Grün und werden schrumpelig.

VERWENDUNG ~ Gegart.

Küchentips

*• Das braune Häut-
chen um die Samen
kann man mitessen.*

*• Ohne Häutchen
wirken die Bohnen-
samen dekorativer.*

*• Parkia schmecken
am besten zu Tempeh
und Sambal
(beides siehe Glossar).*

VORBEREITUNG

● Die Samen aus den Schoten pulen.

● Nach Wunsch das braune Häutchen um die Samen abziehen.

● Die Samen waschen.

AUFBEWAHRUNG ~ Wie frische grüne Bohnen.

TYPISCHE GERICHTE

● Thailand: mit scharfer Currypaste, Tomaten und Kokosnuß zu gebratenem Rindfleisch aus dem Wok.

● Indonesien: als Füllung für Taroblätter (siehe S. 165) oder Paksoi die zerkleinerten Bohnensamen mit Knoblauch, Chilischoten, Krabbenpaste, Galgant, Kokosnuß und Trockenfisch zuerst in Salzwasser, dann in Kokosmilch dämpfen, bis die Flüssigkeit verkocht ist.

● Indonesien: Gebratener Reis mit Parkia (siehe Rezept S. 218).

● Indonesien: Scharf gewürzte Parkia mit Rinderleber oder Kartoffeln braten, mit einer Paste aus Chili, Knoblauch, Tamarindensaft, Palmzucker, Salz und Tomatenmark würzen.

EXTRATIP ~ In einigen (Koch-)Büchern heißt es, daß man Parkia ganz essen kann: in Scheiben geschnitten und gebraten, werden die Schoten knusprig und die Bohnenkerne darin weich. Meine Informanten aus Thailand und Indonesien haben das nicht bestätigt; in beiden Ländern ißt man nur die Samen.

Patisson

Mini-Patisson, Bischofsmütze, Kaisermütze, Kammuschel, Squash

Cucurbita pepo ssp. *pepo*

Familie der *Cucurbitaceae* – Kürbisgewächse

englisch: *custard marrow, squash, patty pan squash, scallop*

französisch: *patisson*

Nährwert (pro 100 g):
19 kcal, 78 kJ; 1,6 g Eiweiß, 0,4 g Fett, 2,2 g Kohlenhydrate

Bis vor wenigen Jahren verstaubten sie als Zierkürbisse in der Obstschale – die wenigsten wußten, daß man die skurrilen Dinger auch essen kann. Vor allem Mini-Patissons landen noch heute oft als bloße Dekoration auf den Tellern elaborierter Restaurants; dabei schmecken gerade die kleinsten dieser Kürbisse am besten.

URSPRUNG UND VERBREITUNG ~ Wie der Garten- und Spaghettikürbis stammt der Patisson aus Amerika. Die Art gehört zu den ältesten Gemüsen, die der Mensch kultiviert hat: in Mexiko vermutlich schon vor 9000 Jahren.

ANBAU ~ Patissons wachsen überall im gemäßigten Klima. Man kann sie ganz leicht im Garten ziehen, zum Beispiel als Beschattung des Kompostplatzes.

IMPORTE ~ Große Exemplare aus Frankreich, Mini-Patissons aus Thailand, Kenia und Südafrika.

CHARAKTERISTIK
- Eßbar: Fruchtfleisch mit Schale.
- Form: wie ein Diskus oder Kinderkreisel, mit gewelltem Rand und dickem Stiel, unterschiedlich im Durchmesser.
- Schale: glatt, cremeweiß, krokusgelb, grün oder gestreift.
- Fruchtfleisch: zart und etwas heller als die Schale.
- Geruch: neutral.
- Geschmack: etwas aromatischer als Zucchini.

Einkaufstips

- *Patissons gibt es unregelmäßig bei Gemüsehändlern.*
- *Als Zierkürbisse bekommt man sie auch in Gärtnereien.*
- *Nehmen Sie zarte junge Exemplare von höchstens 8 cm Durchmesser.*

VERWENDUNG ~ Roh und gegart.

VORBEREITUNG ~ Waschen und Stielansatz entfernen, bei Bedarf zerkleinern.

AUFBEWAHRUNG ~ Ganze Früchte etwa 1 Woche im Kühlschrank.

TYPISCHE GERICHTE
- England: mit Mischung aus Käse, Petersilie, Estragon, Frühlingszwiebeln, Crème fraîche, Salz, Pfeffer und Cayenne füllen und mit etwas Flüssigkeit im Backofen schmoren.
- Japan: in kleinen Stücken in Teig tauchen und als Tempura-Gemüse fritieren (siehe Glossar).

Salat-Chrysantheme

Speise-Chrysantheme

Chrysanthemum coronarium

Familie der *Compositae* – Korbblütler

englisch: *garland chrysanthemum*

französisch: *chrysanthème des jardins*

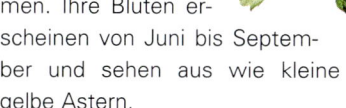

Nährwert:
keine Angaben verfügbar

Es gibt Pflanzen mit breiten Blättern, die an Rucola erinnern, und solche mit schmalen gekerbten wie die unserer Blumen-Chrysanthemen. Ihre Blüten erscheinen von Juni bis September und sehen aus wie kleine gelbe Astern.

URSPRUNG UND VERBREITUNG ~

Die Forschung ist sich nicht einig, ob die Salat-Chrysantheme aus Südeuropa oder Südchina stammt. Sie gehört jedenfalls in Ost- und Südostasien zu den traditionellen Gemüsen.

ANBAU ~ In Thailand, Japan, Korea, China, Taiwan und Kalifornien wird im Herbst, Winter und zeitigen Frühjahr gesät. Die ganzen Pflanzen erntet man vor der Blüte, wenn sie zwischen 10 und 20 cm hoch sind. Danach nimmt man von älteren Pflanzen nur noch die Triebspitzen. Die Blüten verwendet man frisch als Dekoration, getrocknet für Tee.

141

Einkaufstip

Salat-Chrysanthemen gibt es bei Fachhändlern für exotisches Obst und Gemüse auf Bestellung.

IMPORTE ~ Von Mai bis Oktober, vorwiegend aus Thailand.

CHARAKTERISTIK

- Eßbar: Blätter, Triebspitzen und Blüten.
- Blätter: dunkelgrün und eher kräftig, nicht so zart wie etwa Spinat.
- Geruch: wie Astern.
- Geschmack: aromatisch, scharf und blumig.
- Qualitätsmerkmal: saftige Blätter ohne Blütenansatz.
- Qualitätsmangel: schlaffe gelbliche Blätter.

Küchentips

- *Zum Kennenlernen die Salat-Chrysanthemen in kleineren Mengen verwenden (etwa wie Petersilie).*
- *Sie eignen sich gut als Suppeneinlage mit Geflügel.*

VERWENDUNG ~ Roh und kurz gegart.

VORBEREITUNG

- Sehr gut waschen.
- Blätter vom Hauptstiel zupfen.

AUFBEWAHRUNG ~ In einem Plastikbeutel maximal 2 Tage im Kühlschrank.

TYPISCHE GERICHTE

- Japan: Hühnerfleisch, Möhrenstreifen, frische Shiitake-Pilze und Okraschoten (siehe S. 128) garen und in Suppenschälchen anrichten, mit kochendheißer, klarer Hühnerbrühe übergießen und mit Chrysanthemenblättern garnieren.
- Korea: im Salat mit Spinat, Shrimps, Reisessig, Sojasauce und Sesamöl.
- China/kantonesische Küche: blanchieren, dann im Wok braten, mit Austernsauce und Sesamöl würzen.

Schlangengurke

Schlangenhaargurke

Trichosanthes cucumerina ssp. _anguina_

Familie der *Cucurbitaceae* – Kürbisgewächse

englisch: *snake gourd*

französisch: *courge serpent*

indonesisch: *oyong panjang*

Nährwert:
keine Angaben verfügbar

Besonders lange Züchtungen europäischer Salatgurken heißen oft ebenfalls Schlangengurken, und sie gehören auch zur selben großen Familie der Kürbisgewächse wie die bizarren Exemplare aus Asien. Läßt man die echten Schlangengurken einfach wachsen, so gleichen sie tatsächlich einer Schlange: bis zu 2 m lang, maximal 10 cm dick, dabei noch gedreht, gewunden oder wie ein dickes Seil verknotet, liegen sie auf vielen asiatischen Märkten.

URSPRUNG UND VERBREITUNG ~ Vermutlich stammen Schlangengurken aus einem riesengroßen Gebiet, das von Indien über Südostasien nach Australien reicht. Mit dem (Sklaven-)Handel wurden sie in den Fernen Osten, nach Westafrika, in die Karibik und lateinamerikanische Länder gebracht.

ANBAU ~ Vor allem in Südostasien und Südindien.

IMPORTE ~ Unregelmäßig aus Thailand und Taiwan.

CHARAKTERISTIK
- Eßbar: junge, unreife Früchte, Triebe und Blätter.
- Form: spitz zulaufend, gebogen oder verdreht.

143

Einkaufstip

Schlangengurken bekommt man auf Bestellung in Chinaläden, meist sind es 30–60 lange Früchte mit 5 cm im Durchmesser. Manchmal werden auch Stücke von Schlangengurken angeboten.

- Schale: glatt, oft mit kalkig-weißer Schicht.
- Farbe: junge Früchte hell- bis mittelgrün, mit zunehmender Reife orange bis rot.
- Fruchtfleisch: bei unreifen, jungen Früchten fest, hell, gurkenähnlich mit vielen eßbaren Samenkernen; je reifer die Frucht, desto weicher das Fleisch.
- Geruch: neutral.
- Geschmack: bei jungen Früchten angenehm süßlich, mit zunehmender Reife bitter.

Küchentip

Schlangengurken braucht man nicht zu schälen, die kalkartige Schicht wird durch gründliches Waschen entfernt.

VERWENDUNG ～ Gegart.

VORBEREITUNG ～ Waschen und zerkleinern.

AUFBEWAHRUNG ～ Maximal 2 Tage im Kühlschrank.

TYPISCHE GERICHTE

- Indien: raspeln, mit Zwiebeln, Kichererbsenmehl und Gewürzen mischen, zu Bällchen formen und fritieren.
- Indien: Stücke glasig kochen, mit einem Püree aus geraspelter Kokosnuß, Chilischoten, frischem Ingwer und Salz erhitzen, mit Senfsamen und Koriandergrün würzen.
- Indonesien: Schlangengurke in Kokosmilch (s. Rezept S. 220).

EXTRATIP ～ Es heißt, daß Schlangengurken außer in Indien und Indonesien auch in Australien und Westafrika gegessen werden. Doch Rezepte mit Schlangengurken konnte ich nur von Tutty Wilpernig aus Java bekommen und in einem authentisch indischen Kochbuch finden.

Schwammgurke

***Luffa aegyptiaca* (Syn. *Luffa cylindrica*)**

Familie der *Cucurbitaceae* – Kürbisgewächse

englisch: *sponge loofah, sponge gourd, smooth loofah*

französisch: *courge torchon, éponge végétal*

Nährwert:
keine Angaben verfügbar

Sie sind die nächsten Verwandten der Luffa (siehe S. 109) und werden weit vielseitiger genutzt: jung als Gemüse und reif als Naturschwämme, Frottierlappen, Schuheinlagen oder Filter. In ganz ausgereiften Früchten ist das Gefäßnetz äußerst stabil: Man legt sie mit der Schale einige Tage in Wasser, bis sich das Fruchtfleisch zersetzt hat – übrig bleibt ein löchriges elastisches Gebilde, das gründlich ausgewaschen und getrocknet wird. Was wir hier als „Luffa-Schwamm" kaufen, ist tatsächlich eine Schwammgurke.

URSPRUNG UND VERBREITUNG ~ Schwammgurken werden seit Jahrtausenden in Asien als Gemüse kultiviert, zuerst in Indien, seit 600 n. Chr. auch in China. Als weltweite Nutzpflanze haben sie vermutlich die Portugiesen entdeckt. Heute baut man Schwammgurken in allen tropischen Regionen an – je nach Sorte als Gemüse oder als wichtige Nutzpflanze für die Industrie.

145

ANBAU ~ Vor allem in Indien, Indonesien, Malaysia, Thailand und auf den Philippinen. Die besten Schwammgurken sollen in Japan gedeihen.

IMPORTE ~ Unregelmäßig aus Thailand.

CHARAKTERISTIK

- Eßbar: junge, unreife Früchte und Blätter.
- Aussehen: wie eine dicke Schmorgurke mit weit auseinanderstehenden, deutlichen Längsrippen.
- Schale: rauh, dunkelgrün.
- Fruchtfleisch: zart, locker und wasserhaltig wie bei Schmorgurken, mit hellen Samenkernen.
- Geruch: neutral.
- Geschmack: wie aromatische kleine Zucchini.

VERWENDUNG ~ Gegart.

VORBEREITUNG ~ Waschen und schälen.

AUFBEWAHRUNG ~ Ganze Früchte wie frische Gurken.

TYPISCHE GERICHTE

- Thailand: in Streifen schneiden, mit Basilikum, gemahlenen Pfefferkörnern, Shrimpspaste und Schalotten in Brühe garen, mit Salz oder Fischsauce abschmecken.
- China/kantonesische Küche: in einer Suppe mit Schweine- oder anderem Fleisch über Stunden sieden.
- China: in Stücke schneiden, mit Eiern und Garnelen oder Krebsfleisch unter Rühren braten.
- Indonesien: Schwammgurke mit Hühnchen (Rezept siehe S. 217).

Einkaufstip

Schwammgurken müssen Sie meist bestellen: in Asienläden und bei Fachhändlern für exotisches Obst und Gemüse bekommen Sie dann meist die Früchte.

EXTRATIP ~ Damit Gemüse-Schwammgurken schmecken, müssen sie sehr jung geerntet werden: Wählen Sie kleine Früchte, eventuell noch mit der (verwelkten) Blüte.

Küchentips

• *Schwammgurken nimmt man in der kantonesischen Küche häufig für Suppen, die sehr lange gegart werden.*

• *Schwammgurken schrumpfen stark beim langen Garen.*

• *In Indonesien brät man die Gurken nur einige Minuten – etwa so kurz wie anderes Gemüse für den Wok.*

• *Kräftige Würze ist wichtig, zum Beispiel Knoblauch, Pfeffer und Ingwer und/oder aromatisches Gemüse wie Möhren, Stangensellerie und Porree.*

• *Am besten einen beschichteten Wok nehmen, so daß man wenig Fett braucht: Schwammgurken saugen sich damit voll wie Auberginen.*

Senfkohl

Brassica juncea ssp. integrifolia

Familie der *Cruciferae* – Kreuzblütler

englisch: *mustard cabbage*

chinesisch: *Jie Cai, Gai Choi*

indonesisch: *sukun*

Nährwert:
keine Angaben
verfügbar

Auf chinesischen Märkten gibt es zahlreiche Sorten dieses kleinen exotischen Kohls, den man als Gemüse, Ölpflanze und Gewürz verwendet: Die Samen einer Varietät kommen als kleine helle Sarepta-Senfkörner in den Handel.

URSPRUNG UND VERBREITUNG

Die Pflanze stammt aus China und wird dort traditionell für den Wintervorrat wie Sauerkraut eingelegt. Als Gemüse ist Senfkohl vorwiegend Bestandteil der chinesisch geprägten Küche, als Gewürz wird er auch in indischen Gerichten verwendet.

ANBAU ~ In China, Thailand, Vietnam, Indonesien, Ost- und Westafrika. Auf den Markt kommen verschiedene Sorten: kugelig-gedrungene Köpfe, die ähnlich aussehen wie Eissalat, lose wachsende Blätter an dicken Stielen oder lange Stauden, die an Chinakohl erinnern.

IMPORTE ~ Unregelmäßig, vorwiegend aus Thailand, Vietnam und Taiwan.

Einkaufstips

• Senfkohl gibt es meist nur auf Bestellung in Asienläden und bei Fachhändlern für exotisches Obst und Gemüse.
• Nehmen Sie möglichst Köpfe mit blassen Blättern und ausgeprägten Mittelrippen: Blässe zeigt Zartheit an, und die Mittelrippe schmeckt am besten.

CHARAKTERISTIK

● Eßbar: die ganze Pflanze.
● Aussehen: krause Blätter wie Chinakohl, fleischig-zarte Rippen wie junger Spitzkohl und lose geschlossener Kopf (wie Eissalat).
● Geruch: ähnlich wie Brokkoli.
● Geschmack: ganz leicht bitter (wie unser einheimischer Zuckerhut oder Löwenzahn), fein aromatisch wie sehr junge Senfsprossen.
● Qualitätsmerkmal: saftige und unverletzte Blätter sowie dicke Rippen.

VERWENDUNG ~ Roh und gegart.

VORBEREITUNG

● Waschen und längs vierteln.
● Strunk entfernen.
● Stiele mit den Blättern zerkleinern.

AUFBEWAHRUNG ~ Maximal 2 Tage im Kühlschrank.

TYPISCHE GERICHTE

● China: zerkleinert und blanchiert mit Knoblauch, fermentierten schwarzen Bohnen und geschnetzeltem Fleisch im Wok braten.
● China/kantonesische Küche: zerkleinert in Brühe kochen, Tofustreifen und Fischstücke zugeben.
● International: Stengel und zarte Blätter schmoren und wie Löwenzahnsalat mit Specksauce anrichten.

149

EXTRATIP ~ In China ißt man Senfkohl meist eingelegt, weil er dann als besser verdaulich gilt.

Küchentips

- *Blanchieren mildert den bitteren Geschmack.*
- *Milchsauer eingelegt bekommt er sauerkraut-ähnliche Würze.*
- *Auf chinesische Art bereitet man die kugelige Sorte als Suppe zu, die lange Variante brät man im Wok.*
- *Frischen Senfkohl muß man sehr gut kochen, damit er gut verdaulich ist.*

Senfspinat

Brassica rapa var. ***pervirdis***

Familie der *Cruciferae* – Kreuzblütler

englisch: *mustard spinach*

Nährwert:
keine
Angaben verfügbar

Vermutlich ist das Blattgemüse durch Kreuzung von Chinakohl und Paksoi (siehe S. 131) mit der Speiserübe entstanden, zu der zum Beispiel zarte Mairübchen, mild-süße Teltower Rübchen und kräftiges Stielmus gehören. Je nach Sorte schmeckt Senfspinat stärker nach Kohl oder süßer nach Rüben.

URSPRUNG UND VERBREITUNG ∼

Die Pflanze stammt aus Ostasien: In Nordchina, Korea, Japan und Taiwan gehört Senfspinat zum traditionellen Gemüse.

ANBAU ∼ Außer in Ostasien auch in einigen Staaten der USA.

IMPORTE ∼ Unregelmäßig, vorwiegend aus Vietnam.

CHARAKTERISTIK

- Eßbar: Blätter, Stiele und knollige Wurzeln.
- Geruch: neutral mit einem Hauch Kohl.
- Geschmack: je nach Sorte wie Chinakohl, süßlich nach Rüben oder scharf nach ausgewachsenen Senfsprossen.
- Qualitätsmerkmal: saftige, unverletzte Blätter.

151

Einkaufstip

Blätter und Stengel des Senfspinats gibt es meist nur auf Bestellung in Asienläden und bei Fachhändlern für exotisches Obst und Gemüse.

VERWENDUNG ～ Roh und gegart.

VORBEREITUNG ～ Verlesen und waschen.

AUFBEWAHRUNG ～ Maximal 2 Tage im Kühlschrank.

TYPISCHE GERICHTE

● International: junge, zarte Blätter als Salat, eventuell mit gebratenen Pilzen, mit Krabben vermischt oder mit Croûtons.

● USA: mit Olivenöl, Meersalz und frischem Ingwer im Wok braten.

● Nordchina: mit Schweinehack, frischem Ingwer, Frühlingszwiebeln, Sojasauce und Reiswein als Füllung in gebratenen Teigtaschen.

● Europäische Art: blanchieren, mit Eiern und Käse vermischen und als Gratin, Soufflé oder Auflauf zubereiten.

EXTRATIP ～ Auf den Markt kommen verschiedene Sorten: vor allem *Komatsuma* mit glatten, graugrünen Blättern, stark gekrauster *green wave*, der an Grünkohl erinnert, oder scharfer *tender green* mit hellgrünen Blättern.

Küchentips

• Für Salat und Rohkost ganz junge Blätter nehmen und die Stiele entfernen.

• Für Soufflé, Gratin und Auflauf Blätter und Stiele blanchieren: So lassen sie sich gut mit den anderen Zutaten mischen.

Sojabohne

Glycine max

Familie der *Leguminosae* – Schmetterlingsblütler

englisch: *soy bean*

Nährwert (pro 100 g) getrocknete Bohnen:
323 kcal, 1351 kJ; 33,7 g Eiweiß, 18,1 g Fett, 24,8 g Kohlenhydrate

Sojabohnen sind die Hülsenfrüchte mit der größten wirtschaftlichen Bedeutung: als Eiweißquelle und Ölpflanze, für Würzsaucen und Milchersatzprodukte, für Fleischimitationen, proteinreiche Erfrischungsgetränke und Futtermittel. Je nach Bedarf baut man spezielle Sorten an: So sind schwarze Sojabohnen besonders reich an Eiweiß, doch arm an Fett, während die gelbe Sojabohne nur wenig Eiweiß, doch reichlich Fett enthält. Die Pflanzen erinnern an Buschbohnen; Stiele, Blätter und Schoten tragen dichte rotbraunen Härchen.

URSPRUNG UND VERBREITUNG ~ Lange Zeit nahm man an, daß die Bohnen zusammen mit Reis, Mangos und Bananen zu den ältesten Kulturpflanzen gehören; und Reis bauen die Menschen immerhin seit mindestens 5000 Jahren an. Doch die Beweise für eine jahrtausendealte Sojakultur fehlen; die ersten sicheren Zeugnisse stammen aus China und sind etwa 2800 Jahre alt. Noch jünger scheint das traditionell wichtigste Sojaprodukt Tofu zu sein: Die Produktion hat sich gegen Ende des 12. Jahrhunderts von Nordchina und Korea nach Japan ausgedehnt. Sojabohnen pflanzte man in Europa zuerst im 18. Jahrhundert an. Die intensive Nutzung der Sojabohne jedoch begann erst im 20. Jahrhundert: Allein in den USA vergrößerten sich die Anbauflächen von 1920 bis 1960 um das 44fache.

ANBAU ~ Weltweit zwischen dem 35. und 45. Grad nördlicher Breite. Die größten Sojaproduzenten sind die südlichen Staaten der USA. Angebaut wird auch in China, Indien, Indonesien, Ost- und Westafrika, Zentral- und Südamerika und in den Staaten der ehemaligen Sowjetunion. In Mitteleuropa reifen die Samen nicht ganz aus.

Einkaufstip

Getrocknete Sojabohnen bekommen Sie in Naturkost- und Asienläden, frische gibt es meines Wissens bei uns nicht zu kaufen.

IMPORTE ~ Getrocknete Samen das ganze Jahr über. Frische reife Schoten mit grünen Samen kommen etwa Mitte September auf den Markt.

CHARAKTERISTIK

- Eßbar: unreife grüne Samen, Sojasprossen (siehe S. 156) und getrocknete Samen.
- Schoten: 3–7 cm lang, grün mit rotbraunen Härchen besetzt.
- Samen: je nach Sorte 2–5 Stück pro Schote; etwa 8 mm groß und rund wie Erbsen; cremeweiß bis gelb, grün, rot oder schwarzbraun.
- Geschmack: mild und eher neutral.
- Kocheigenschaft: kochen zart, zerfallen nicht und verbinden sich gut mit allen Aromen.

- Qualitätsmerkmal: frische Samen etwa wie frische Erbsen, getrocknete Samen prall.
- Qualitätsmängel: die Samen wirken schrumpelig, brauchen trotz Einweichen sehr lange zum Garen und/oder werden nicht gleichmäßig weich.

VERWENDUNG ~ Gegart, kalt oder warm.

ACHTUNG ~ Frische Sojabohnen darf man nicht roh essen – weder die Schoten noch die Samen.

VORBEREITUNG
- Getrocknete Bohnen in reichlich kaltem Wasser mindestens 10 Stunden einweichen.
- Mit dem Einweichwasser, frischem, kaltem Wasser oder kalter Brühe in 1 1/2 – 2 Stunden weich kochen.

AUFBEWAHRUNG
- Getrocknet: nach aufgedrucktem Haltbarkeitsdatum.
- Gegart: verschlossen im Kühlschrank etwa 3 Tage oder einfrieren.

TYPISCHE GERICHTE
- USA: zum Knabbern – eingeweichte Samen abtropfen lassen, gut trocknen und auf einem Backblech ausgebreitet bei 130 °C etwa 1 1/4 Stunden rösten, bis sie braun sind und knusprig werden.
- International: gegart mit Vinaigrette und zerkleinertem Gemüse als Salat.
- China/Shanghai-Küche: mit Tofu kurz in Sesamöl im Wok braten, grob zerkleinerten Kürbis zugeben, einige Minuten weiterbraten und kalt servieren.

Küchentips

- *Sojabohnen so lange kochen, bis sie gerade eben weich, aber noch nicht aufgeplatzt sind.*
- *Wenn Sie die Bohnen etwa 24 Stunden einweichen, verkürzt sich die Garzeit auf knapp 20 Minuten.*

Sojabohnen-keimlinge

Sojasprossen

Glycine max

Familie der *Leguminosae* – Schmetterlingsblütler

englisch: *soy bean sprouts*

französisch: *pousses de soja*

chinesisch: *Donya*

Nährwert (pro 100 g):
49 kcal, 206 kJ; 5 g Eiweiß, 1,2 g Fett, 4,6 g Kohlenhydrate

Die Keimlinge der Sojabohne werden wegen der nußähnlichen Samenhälften gezogen, die in Biß und Geschmack an Erdnüsse erinnern. Die weißen Sprossen, die wie weiße Stiele aussehen, sind zwar eßbar, doch sie bleiben beim Dünsten oder Braten im Wok ziemlich hart.

Einkaufstips

• Keimlinge der gelben Sojabohne sind so lang,
  daß sie meist gebündelt verkauft werden.
• Man bekommt sie in Chinaläden auf Bestellung.

URSPRUNG UND VERBREITUNG ~ Sojabohnen stammen aus Ostasien; ihre Sprossen gehören in China, in den chinesisch beeinflußten Küchen Südostasiens, in Korea und Japan seit Jahrhunderten zum alltäglichen Frischgemüse.

ANBAU ~ Durch alternative Ernährungsformen werden die Sprossen inzwischen weltweit produziert. Man kann sie leicht und am besten wie folgt selber ziehen: Die Bohnen etwa 12 Stunden wässern, abgießen und nebeneinander in gute Blumenerde stecken. Nach 4–5 Tagen haben sich die Keimblättchen entwickelt, die man mit der Küchenschere abschneidet. Anders als gekaufte Keimlinge, die unter Lichtentzug wachsen, sind selbst gezogene Sprossen grün.

IMPORTE ~ Ganzjährig, aber unregelmäßig aus Taiwan, Vietnam und Thailand.

CHARAKTERISTIK
● Eßbar: gekeimte Samenhälften mit anhängendem Stengelchen.
● Form und Farbe: ziemlich robuster, bis 12 cm langer, weißer Stengel, der aus dem gespaltenen Samen wächst.
● Geschmack: mild, leicht nussig.
● Qualitätsmerkmal: gleichmäßig weißer Stengel, helle Samenhälften ohne grünen Schimmer oder Keimblättchen.
● Qualitätsmängel: die Sprossen riechen muffig, an den Samenhälften zeigt sich Schimmel oder Fäulnis.

VERWENDUNG ~ Gegart, kalt oder warm.

ACHTUNG ~ Die Keimlinge darf man genau wie gelbe Sojabohnen nicht roh essen.

Küchentips

- *Sojabohnenkeimlinge schmecken geröstet am besten und sind so besonders gut verdaulich.*
- *Im Wok oder in der Pfanne ohne Fettzugabe bei starker Hitze 2–3 Minuten rühren, bis sie weich werden und zu duften beginnen.*

VORBEREITUNG

- Keimlinge als Bündel auf ein Arbeitsbrett legen und die Stiele abschneiden.
- Die hellen Samenhälften waschen und trocknen.

AUFBEWAHRUNG ~

In einer Kühlbox mit Wasser bedeckt und verschlossen maximal 3 Tage im Kühlschrank, das Wasser täglich wechseln.

TYPISCHE GERICHTE

- USA: im Wok rösten, mit Essig und Öl marinieren und erneut im Wok schmoren.
- China/kantonesische Küche: mit frisch geraspeltem Ingwer im Wok braten.
- China/kantonesische Küche: „Arme-Leute-Suppe": geröstete Sojabohnensprossen einige Stunden mit Schweineknochen garen.
- Japan: garen, mit angebratenem Speck und einer Sauce aus Essig, Zucker, Sojasauce und Wasabi (siehe Glossar) als Salat.

Strumpfband-bohne

Ägyptische Bohne, Langbohne, Schlangenbohne,
Spargelbohne, Thailandbohne, Spargelfisole
Vigna unguiculata ssp. *sesquipedalis*
Familie der *Leguminosae* – Schmetterlingsblütler
englisch: *yardlong bean, asparagus bean, string bean*
französisch: *haricot kilomètre, dolique asperge*
indonesisch: *kacang panjang*

Nährwert:
keine Angaben verfügbar

Sie gehört wie die Augenbohne (siehe S. 34) zur Gruppe der
Spargelbohnen; eine Wildform dieser Sorte mit Schoten bis zu
1 m Länge kennt man nicht. Wie bei normalen Stangenbohnen
ißt man die Schoten mit den unreifen Samen als Gemüse.
„Kurze Strumpfbandbohnen" können junge Augenbohnen sein,
die man bei uns sonst nur als getrocknete Samen bekommt.
Für Geschmack und Verwendung spielt das jedoch keine Rolle.

Einkaufstip

*Strumpfbandbohnen (40–50 cm lange Schoten)
bekommen Sie bei Fachhändlern für exotisches
Obst und Gemüse und in vielen Asienläden.*

URSPRUNG UND VERBREITUNG ~ Sie zählt zu den ältesten genutzten Bohnensorten: Dioskurides beschreibt um 60 n. Chr. eine Sorte, die man als Spargelbohne identifizieren kann: „Die Frucht, lang und fleischig, wird samt den Samen wie Spargel gekocht, als Gemüse gegessen."

ANBAU ~ In Thailand, Indien, China, Indonesien, auf den Philippinen, in Ost-, West- und Zentralafrika, in der Karibik, Kalifornien und in den Niederlanden.

IMPORTE ~ Vor allem aus Thailand.

CHARAKTERISTIK
- Eßbar: Schoten, Samen und Blätter.
- Schoten: kräftig grün, bis zu 1 m lang und bis zu 1 cm dick.
- Samen: 10–30 Stück, weiß, braun oder rot und 9–12 mm lang.
- Geruch: wie grüne Bohnen.
- Geschmack: leicht süßlich und etwas kerniger als unsere grünen Bohnen.
- Qualitätsmerkmal: pralle, gleichmäßig grüne Schoten ohne Druckstellen.
- Qualitätsmangel: gelblich wirkende Schoten, die auch nach dem Garen zäh sind.

VERWENDUNG ~ Roh und gegart.

VORBEREITUNG ~ Waschen und Stiel- und Blütenansatz knapp abschneiden.

AUFBEWAHRUNG
- Maximal 2 Tage im Kühlschrank.
- Zerkleinern, blanchieren und anschließend wie grüne Bohnen einfrieren.

TYPISCHE GERICHTE

● Indonesien: mit Möhren, Blumenkohl, Schalotten und Sojabohnensprossen im Wok braten und mit Krabbenpaste, dunkler Sojasauce und Chili würzen.

● Thailand: wie französische Crudité mit Gurken, Paksoi (siehe S. 131), Möhren und anderem Gemüse in einen scharfen Dip aus fein gehackten roten Chilischoten, Schalotten, Champignons in Kokosmilch, Tamarinden- und Limettensaft, Zucker und heller Sojasauce tunken.

● China/kantonesische Küche: im Wok mit Eiern braten.

● International: püriert mit Zwiebeln und Möhren in Blätterteigtaschen füllen und backen.

Küchentips

• *Strumpfbandbohnen wirken wie ein Bindfaden verknotet und im ganzen gegart besonders dekorativ.*

• *Für Chinagerichte aus dem Wok die Bohnen erst blanchieren, damit sie ihre schöne Farbe behalten.*

EXTRATIP ～ In Europa ißt man Strumpfbandbohnen wie grüne Bohnen als Gemüse, in Indien die getrockneten Samen und die Schoten als Gemüse, in Afrika vor allem die getrockneten Samen und die frischen Blätter wie Spinat.

Süßkartoffel

Batate

Ipomoea batata

Familie der *Convolvulaceae* – Windengewächse

englisch: *sweet potatoe*

französisch: *patate aquatique*

Nährwert (pro 100 g):
96 kcal, 400 kJ; 1,6 g Eiweiß,
0,6 g Fett, 21 g Kohlenhydrate

Zur selben Familie wie Süßkartoffeln gehören auch Zierpflanzen und Unkräuter: Die Ackerwinde ist eine der bekanntesten. Bataten wachsen als einjährige buschige Pflanzen am Boden entlang; ihre Stiele sind so zart, daß sich die Pflanzen ohne Stütze nicht aufrichten können. Wie bei der Kartoffel beginnen einige Wurzeln, Stärke und Zucker zu speichern, verdicken sich allmählich und schwellen zu Knollen an, die bis zu 50 cm lang und einige Kilo schwer werden können. Der Milchsaft darin ist – im Gegensatz zu Maniok – unschädlich.

URSPRUNG UND VERBREITUNG ~ Bataten stammen vermutlich aus Südamerika und gelangten schon vor Kolumbus in den Pazifik und nach Südostasien, vielleicht sogar nach Afrika. Über die Wege ist man sich nicht einig: Manche Forscher meinen – darunter Thor Heyerdahl aufgrund seiner Fahrten mit dem berühmten Floß „Kon-Tiki" –, daß die Polynesier in ihren hochseetauglichen Katamaranen die Küsten Südamerikas erreichten und Bataten in die Heimat mitnahmen; das Wort *kumara* für Süßkartoffel gab es in Polynesien nämlich schon vor der Ankunft der Europäer. Andere vermuten, daß Samenkap-

162

seln mit der Meeresströmung und den Passatwinden von der Westküste Südamerikas nach Hawaii, Neuseeland und auf die Osterinseln getrieben wurden. Sicher nachzuvollziehen ist die Verbreitung nach der Entdeckung der Neuen Welt: Die Spanier mochten Bataten lieber als Kartoffeln und brachten sie sehr früh nach Europa; die erste schriftliche Quelle über den Anbau in Spanien datiert aus dem Jahr 1506. Über die Kanaren kamen Süßkartoffeln nach England – das Wort *potato* ist abgeleitet von Batate und wurde später auf die Kartoffel übertragen. Die Portugiesen exportierten sie von Brasilien auch nach Westafrika, Vorderindien und Indonesien.

Einkaufstips

• Süßkartoffeln bekommt man im Gemüsehandel.

• Es gibt wie bei Kartoffeln festkochende und mehlige Süßkartoffeln: Weißfleischige Knollen können mehlig und sogar trocken garen, tief orangefarbenes Fleisch zeigt gewöhnlich eher feuchte und süße Knollen an.

• Rotfleischige Bataten gelten im Hinblick auf Kocheigenschaften und Aroma als die besten.

ANBAU ~ Bataten werden in Hunderten von Sorten kultiviert; die jährliche Ernte beträgt etwa 1/3 der Weltkartoffelernte. An erster Stelle der Anbaugebiete steht China, gefolgt von Indonesien, Vietnam, Indien und Japan. Die Produktion in anderen subtropischen und tropischen Ländern ist weit geringer. Europäische Produzenten sind Spanien, Portugal und Italien.

IMPORTE ~ Ganzjährig aus Israel und Brasilien; von März bis Oktober von den Kanaren, aus Italien und Portugal, von September bis März aus den USA.

CHARAKTERISTIK

- Eßbar: Blätter und Knollen.
- Form: spindelförmig, je nach Sorte rund oder länglich.
- Schale: Schale glatt, oft mit haarfeinen, festen Wurzeln; Farbe je nach Sorte von hellem Ocker bis zu tiefem Violett.

- Fruchtfleisch: je nach Sorte weiß, hellgelb, tieforange oder hellrot; gegart feucht oder mehlig, glatt oder leicht faserig.
- Geruch: neutral, nach Stärke.
- Geschmack: leicht süß, erinnert an Maronen.
- Qualitätsmerkmal: straffe Schale, rundum feste Knollen.
- Qualitätsmangel: weiche Stellen an den Knollen, die zu faulen beginnen.

Küchentips

• Süßkartoffeln zum Braten knapp finger-dick aufschneiden – dünnere Scheiben werden trocken.

• Zum Backen die Bataten ungeschält verwenden, denn die Schale schützt die Knollen vor dem Austrocknen.

• Geschält sofort zubereiten, damit sie sich nicht verfärben; notfalls kurz in kaltes Wasser legen.

VERWENDUNG ∼ Roh und gegart.

VORBEREITUNG ∼ Waschen und wie Kartoffeln schälen.

AUFBEWAHRUNG
- Dunkel und kühl, aber nicht im Kühlschrank etwa 1 Woche.
- Rote Süßkartoffeln halten sich etwas länger als weiße.

TYPISCHE GERICHTE
- Indien: wie Pellkartoffeln kochen, schälen und in Scheiben schneiden, heiß mit dünnen Ringen von grünen Chilischoten und einer gerösteten Würzmischung aus Garam Masala (siehe Glossar), Kreuzkümmel, Zitronensaft und Salz vermischen, mit frischen Korianderblättchen zu Salat servieren.
- Japan: mit anderen Gemüsen als Tempura (siehe Glossar) zubereiten.
- USA/Südstaaten: in dünne Scheiben schneiden, mit Apfelscheiben, Zimt, Muskat, braunem Zucker, Apfelsaft und Butter als Gratin backen.
- Westafrika: Scheiben in reichlich Fett braten, mit dicker Sauce aus Blattgemüse, Zwiebeln und Tomaten servieren.
- International: als Kroketten oder gratiniertes Püree zu Wild.

Taro

Wasserbrotwurzel, Colocase

Colocasia esculenta

Familie der *Araceae* – Aronstabgewächse

englisch: *taro, cocoyam, dasheen, eddoe*

französisch: *taro, chou de Chine*

Nährwert (pro 100 g):
98 kcal, 411 kJ; 2 g Eiweiß,
0,1 g Fett, 22 g Kohlenhydrate

Die Pflanzen mit ihren auffallend großen, dunkelgrün
geäderten Blättern und
schwarzvioletten Blattstielen wachsen bei uns in
Blumentöpfen und als
Randeinfassung für Garten-
teiche – allerdings nicht so
mächtig wie in ihrer tropischen
Heimat. Dort können sie bis zu 2 m
hoch, das Rhizom – ein Wurzelsproß
wie bei Ingwer – bis zu 4 Kilo schwer werden.

URSPRUNG UND VERBREITUNG ~ Sie stammen ver-

mutlich aus Südostasien, gelangten von dort bereits in der Antike nach China, Japan und westwärts in den Mittelmeerraum
und werden in zahlreichen Sorten seit etwa 2000 Jahren kultiviert. Plinius der Ältere (23/24–79 n. Chr., siehe Glossar)
berichtet in seiner Naturgeschichte vom Taro-Anbau in Ägypten. Als kohlenhydratreiches Grundnahrungsmittel waren Taros
so wichtig, daß man sie bei weiträumigen Siedlungs- und
Eroberungszügen mitnahm: Die Polynesier brachten sie über
die Sundainseln und Neuguinea nach Samoa, die Maoris nach
Neuseeland und die Europäer in die Neue Welt.

Einkaufstip

Taro-Knollen von unterschiedlichem Gewicht bekommen Sie bei Fachhändlern für exotisches Obst und Gemüse, in Asien-, Lateinamerika- und Afrikaläden. Die Sorten spielen dabei keine Rolle.

ANBAU ~ Taros wachsen weltweit in feuchten tropischen und subtropischen Gebieten. Kommerziell für den Export werden sie in Ägypten, Costa Rica, der Karibik, Brasilien und Indien angebaut.

IMPORTE ~ Aus Ägypten von Oktober bis März, aus den anderen Anbauländern das ganze Jahr über.

CHARAKTERISTIK
- Eßbar: Knollen, Blätter.
- Knolle: je nach Sorte länglich oder rund, erinnert meist an eine Sellerieknolle.
- Schale: weiß, grau oder violett; rauh oder glatt.
- Fleisch: je nach Sorte weiß oder weiß-rot marmoriert.
- Konsistenz: gegart etwa wie Kartoffeln.
- Geruch: neutral, etwas nach Stärke.
- Geschmack: je nach Sorte neutral bis scharf oder angenehm mild und süßlich.
- Qualitätsmangel: Knollen mit weichen Stellen und bitterem Geschmack sind überlagert.

VERWENDUNG ~ Gegart.

VORBEREITUNG
- Wie Kartoffeln schälen, waschen und in Scheiben oder Würfel schneiden.
- In Wasser gar kochen, dann jeweils nach Rezept weiterverarbeiten.

AUFBEWAHRUNG ~ Kühl und dunkel etwa 6 Monate.

TYPISCHE GERICHTE
- Indien: wie Pellkartoffeln kochen, schälen und in Scheiben schneiden, in Gelbwurzpulver, Cayennepfeffer und Salz wenden und wie Bratkartoffeln rösten.

- Thailand: püriert mit Tapioka und Kokosmilch als süße Bällchen in Kokosmilch und Palmzucker garen.
- Thailand: gekocht in Teig tauchen und wie Beignets fritieren, mit scharfer Sauce aus Chili, Knoblauch, Tamarindensaft und Öl servieren.
- Karibik: „Callaloo-Suppe" mit Okra, Taro-Blättern, Schinken und Krabben.

EXTRATIP ~ Karibische Taro-Sorten entwickeln eine zentrale Knolle, an denen rundherum zahlreiche Tochterknollen wachsen. Eßbar sind alle.

Küchentip

Das Kochwasser von Taro darf nicht weiterverwendet werden, weil es Kalziumoxalat enthält und die Schleimhäute reizt.

Tomatillo

Grüne Tomate, Tomatl, Miltomate, mexikanische Erdkirsche

Physalis ixocarpa

Familie der *Solanaceae* – Nachtschattengewächse

englisch: *tomatillo*

französisch: *tomatillo*

Nährwert:
keine Angaben verfügbar

Das dünne Häutchen um die Tomatillo zeigt ihre enge Verwandtschaft mit Lampionblume und Physalis. Die bekannte
Zierpflanze und die dekorative Frucht sind Arten der grünen

Tomate, während „normale" Tomaten einer anderen Gattung angehören. Das Häutchen ist der Fruchtkelch unterhalb der Blütenblätter; beim Reifen der Frucht – botanisch eine Beere – schwillt er stark an und umgibt sie schließlich wie eine papierene Hülle.

URSPRUNG UND VERBREITUNG ~ Tomatillos stammen aus einem Gebiet, das von Südtexas bis Guatemala, vielleicht sogar bis Westindien reicht. Von dort gelangten sie nach Nordamerika. Angeblich waren sie weit beliebter als die Tomate und wurden deshalb auch früher kultiviert.

ANBAU ~ Tomatillos wachsen wie andere Nachtschattengewächse in warmen Regionen. Doch während die verwandte „Obst"-Physalis oder gar die Tomate heute weltweit verbreitet sind, blieb die Tomatillo quasi zu Hause: Anbaugebiete sind vor allem Mexiko und der Süden der USA.

Einkaufstip

In Dosen konservierte grüne Tomaten bekommt man in Läden für lateinamerikanische Lebensmittel und in der Mexiko-Ecke großer Warenhäuser.

IMPORTE ~ Grüne Tomaten werden unreif gepflückt und wären gewiß ohne Probleme zu verschicken. Trotzdem gibt es frische Tomatillos bei uns praktisch nicht zu kaufen. Doch da die Mexiko- und Tex-Mex-Küche immer beliebter werden, kann sich das bald ändern.

CHARAKTERISTIK
- Eßbar: Frucht.
- ungenießbar: Stielansatz und Hülle.
- Form: kugelig.
- Größe: 3 – 5 cm im Durchmesser.
- Farbe: hellgrün, gelbgrün oder lavendelfarben.

- Fruchtfleisch: weißlichgrün oder gelbgrün mit winzigen Kernen.
- Geruch: frisch nach Stachelbeeren.
- Geschmack: süß, frisch und fruchtig, erinnert an eine Mischung aus Stachelbeere und Kiwi.
- Qualitätsmerkmal: die Hülle ist straff und liegt eng an der Frucht, beim Abziehen fühlt sich die Frucht so klebrig an wie die „Obst"-Physalis.
- Qualitätsmangel: aufgerissene Hülle.

Küchentips

- *Tomatillos kann man zwar roh essen, doch Garen verstärkt ihr Aroma.*
- *Sie passen gut zu Tomaten, Paprikaschoten, Avocados, Chilischoten, Limetten, Koriander, Fisch und Meeresfrüchten.*
- *Sie eignen sich besonders gut zum Grillen oder Rösten in der Pfanne.*

VERWENDUNG ~ Gegart.

VORBEREITUNG
- Entfällt bei Tomatillos aus der Dose.
- Frische Tomatillos von der Hülle befreien und den klebrigen Film auf der Schale kalt abspülen, die Stielansätze, nicht aber die Schale entfernen.

AUFBEWAHRUNG
- Frische Tomatillos halten sich einige Wochen: ungewaschen und mit der Hülle lose in das Gemüsefach des Kühlschranks legen.
- Tomatillos aus der Dose: in einer Plastikbox verschlossen im Kühlschrank etwa 3 Tage.

TYPISCHE GERICHTE
- Mexiko: Salsa verde.
- USA: in fingerdicken Scheiben mit Olivenöl und Butter gebraten als Beilage zu Grillfisch.

EXTRATIP ~ Falls Sie frische Tomatillos bekommen: Nehmen Sie nur feste Früchte mit rundum intakter Hülle.

Urdbohne

Vigna mungo (Syn. *Phaseolus mungo*)

Familie der *Leguminosae* – Schmetterlingsblütler

englisch: *black gram, urd, woolly pirol*

französisch: *haricot mungo*

Nährwert (pro 100 g) getrocknete Bohnen:
338 kcal, 1415 kJ; 23 g Eiweiß, 2 g Fett, 57 g Kohlenhydrate

Es gibt zwei verschiedene Sorten: die frühe mit größeren schwarzen Samen und die späte mit kleinen braunen, grünlichen oder grauen Samen. Urdbohnen wachsen als 20 – 80 cm hohe, buschige Pflanzen mit hellgelben oder rot gefleckten Blüten. Daraus entwickeln sich die dunkelbraunen, stark behaarten Schoten, die 6 –10 Samen enthalten.

URSPRUNG UND VERBREITUNG ~ Urdbohnen stammen aus Indien und sind inzwischen überall in den Tropen verbreitet. Meist haben indische Auswanderer die Hülsenfrucht in ihr neues Heimatland mitgenommen: Urdbohnen gehören zu den wichtigsten Lebensmitteln und Eiweißspendern der indischen vegetarischen Küche.

Einkaufstips

- *Urdbohnen bekommen Sie in Naturkost- und Asienläden.*
- *Die olivgrüne Mungobohne (siehe S. 120) sieht der grünen Urdbohne ähnlich, ist aber eine andere Art.*

ANBAU ~ Vor allem in Indien und Ostafrika, auch in anderen tropischen Ländern und im Süden der USA.

IMPORTE ~ Ganzjährig, nur getrocknet im Handel.

CHARAKTERISTIK
- Eßbar: grüne, unreife Schoten und Samen.
- Form: etwa 8 mm groß und oval.
- Farbe: schwarz oder grün mit auffälligem weißem Strich am Keimansatz.
- Geschmack: mild.
- Kocheigenschaft: kochen sehr zart, zerfallen nicht und nehmen Aromen gut auf.
- Qualitätsmerkmal: ist in maximal 50 Minuten gar.
- Qualitätsmangel: die Samen brauchen trotz Einweichen sehr lange zum Garen und/oder werden nicht gleichmäßig weich.

VERWENDUNG ~ Gegart, kalt und warm.

VORBEREITUNG
- In reichlich kaltem Wasser mindestens 6 Stunden einweichen.
- Mit dem Einweichwasser, frischem, kaltem Wasser oder kalter Brühe etwa 25 Minuten vorkochen.

AUFBEWAHRUNG
- Getrocknet: laut aufgedrucktem Haltbarkeitsdatum.
- gegart: verschlossen im Kühlschrank etwa 3 Tage oder einfrieren.

Küchentips

- *Urdbohnen nur so lange kochen, bis sie gerade eben weich, aber noch nicht aufgeplatzt sind.*
- *Wenn Sie die Bohnen etwa 24 Stunden einweichen, verkürzt sich die Garzeit auf knapp 20 Minuten.*

TYPISCHE GERICHTE

- Südindien: geschälte Urdbohnen mit Senfkörnern anbraten, Weißkohlstreifen, Zwiebelringe und gemahlenen Koriander dazugeben und alles weich schmoren, mit Kokosflocken und geschlagenem heißem Joghurt vermischen.
- Südindien: geschälte Urdbohnen mit gemahlenem Reis zu Klößen formen, dämpfen und mit Sesamöl beträufeln.
- Indien/Pandschab: ungeschälte eingeweichte Urdbohnen mit Tomatenstücken und Gewürzpaste aus frischem Ingwer, frischer Gelbwurz, grünen Chilischoten und etwas Wasser mit Zwiebel in Ghee (siehe Glossar) als dickes Curry garen.

EXTRATIP ~ Geschälte Urdbohnen sehen aus wie cremefarbene Linsen, zerfallen meist in zwei Hälften und garen wie alle geschälten Hülsenfrüchte besonders schnell.

Wachskürbis

Chinesischer Squash, chinesische Wintermelone

Benincasa hispida

Familie der *Cucurbitaceae* – Kürbisgewächse

englisch: *wax gourd, white gourd, winter melon*

französisch: *courge cireuse*

chinesisch: *Dong Gua*

Nährwert (pro 100 g):
15 kcal, 64 kJ; 0,4 g Eiweiß, 0,1 g Fett,
3,2 g Kohlenhydrate

Der Wachskürbis gehört mit Wassermelone, Gurke und Zucchini zur großen Familie der Kürbisse – eine kletternde oder rankende Pflanze mit meterlangen Trieben, bis zu 15 cm großen dekorativen gelben Blüten, aus denen sich mächtige Früchte entwickeln: Sie können bis zu einem Zentner schwer werden. Die kalkweiße Wachsschicht auf der Schale ist natürlicher Konservierungsstoff. Schon während der Reife und später bei der Lagerung wird sie immer dicker, so daß der Saft im Inneren der Frucht nur langsam verdunsten kann.

URSPRUNG UND VERBREITUNG ~

Wachskürbisse stammen aus Südostasien; Wildformen hat man auf Java und den Sundainseln gefunden. Im Laufe der Zeit wurden die Kürbisse in einem breiten Gürtel von Indien im Nordwesten, über China bis Australien im Süden kultiviert. Über Kuba kamen sie nach Südamerika, durch die Portugiesen nach Afrika. Heute wachsen sie überall in den Tropen. Die wichtigste Rolle spielen sie in den asiatischen Küchen – in China seit mehr als zweitausend Jahren.

ANBAU ~

In allen genannten Verbreitungsregionen, in Europa auch in den Niederlanden. Die Kürbisse reifen im Sommer und Frühherbst.

174

Einkaufstips

*• Wachskürbisse (1 – 8 kg) bekommen Sie am
besten in Chinaläden.*

*• Ganze Früchte müssen sich hart und trocken
anfühlen. Bei Kürbisstücken darauf achten, daß
die Frucht frisch für Sie angeschnitten wird. Falls
Sie geschnittene Portionen kaufen, darf das
Fleisch am Anschnitt nicht glasig wirken. Denn
dann könnte es bereits gären.*

IMPORTE ~ Ganzjährig aus Thailand.

CHARAKTERISTIK

● Eßbar: junge Blätter, Fruchtfleisch und Samenkerne; junge Früchte auch mit Schale.

● Frucht: wie ein Brotlaib geformt, oft mit taillenar-
tiger Einbuchtung um die Mitte; glatte, dunkelgrüne
oder blaugrüne Schale mit weißer Wachsschicht.

● Fruchtfleisch: weiß, sehr saftig, aber fest, die
Samenkerne sind wie bei Zuckermelonen in der
Mitte konzentriert und wie bei Gurken ins Frucht-
fleisch eingebettet.

● Geruch: frisch, etwas nach Gurke.

● Geschmack: saftig und aromatisch nach Gurke.

VERWENDUNG ~ Gegart.

VORBEREITUNG

● Wenn der Kürbis gefüllt werden soll: längs einen
Deckel abschneiden, die Samen entfernen, das Fruchtfleisch zu
etwa 2/3 herausschneiden und zerkleinern.

● Zum Braten oder für Suppe: die Frucht erst schälen und
zerkleinern.

AUFBEWAHRUNG

● Eine kleine ganze Frucht im Kühlschrank etwa 2 Wochen.

● Die aufgeschnittene Frucht locker in Folie gewickelt etwa
1 Tag im Kühlschrank.

Küchentips

- *Für lange gekochte Suppen Schale und Samen mitverwenden, sie gelten als besonders gesund – deshalb nur die Wachsschicht gut abwaschen.*
- *Wachskürbis für Suppe mindestens 1 Stunde köcheln, damit die Würze ins Fruchtfleisch dringen kann.*
- *Kräftig würzen, z. B. mit Zitrussaft, Chilies, Knoblauch, Thymian, Salbei, Oregano, Ingwer, Currypulver, Nelken, Muskat, Zimt, Palmzucker.*
- *Mit aromatischen Zutaten und/oder deftigen Fleischsorten kombinieren, z. B. Shiitake-Pilzen, Sellerie, Zwiebeln, Schinken, Schweinerippchen, Ente.*
- *Wegen des hohen Wassergehalts eignet sich der Kürbis nicht zum Schmoren.*

TYPISCHE GERICHTE

- Indien: knapp gegarte Stücke mit einer Mischung aus Joghurt, Kokosraspeln, grünen Chilis und Ingwer aufkochen, mit gerösteten Senfsamen und frischen Korianderblättchen würzen und als Suppe servieren.
- USA: kurz braten, dünsten oder backen, mit geschmolzener Butter oder gebratenen Speckstreifen servieren.
- China/kantonesische Küche: Suppe mit Gerste, Adzuki- und Helmbohnen, Lotussamen, Schinken, Hühnerbrühe und Kürbisfleisch in der ausgehöhlten Frucht kochen.

EXTRATIP ~ Die Suppe im ausgehöhlten Kürbis gehört in der kantonesischen Küche zu den Festessen. Die Schale der Frucht wird dann mit eingeschnitzten Ornamenten versehen.

Wakame

Undaria pinnatifida

Abteilung der *Phaeophyceae* – Braunalgen

englisch: *wakame*

koreanisch: *miok*

Nährwert (pro 100 g) getrocknete Wakame:
270 kcal, 1130 kJ; 12,7 g Eiweiß, 1,5 g Fett,
51,4 g Kohlenhydrate

Wakame ist durch die makrobiotische Küche auch bei uns relativ bekannt. Die dunkelgrünen Algen wachsen in 6 bis 10 m Wassertiefe bis zu 1 m lang. Sie wirken mit den dicken zentralen Thalli (siehe Glossar) und den unregelmäßigen Streifen auf beiden Seiten wie überdimensionale Federn.

URSPRUNG UND VERBREITUNG ~ Algen kommen weltweit vor; Wakame gedeiht am besten in kalten, starken Meeresströmungen vor den Küsten Japans, Koreas und Chinas.

ANBAU ~ Im Nordosten Japans gibt es noch wild wachsende Wakame, die besonders zart und aromatisch schmecken und beim Kochen knackig bleiben. Der überwiegende Teil Wakame aber wird kultiviert: Allein in Japan erntet man über 200 Millionen Kilo pro Jahr. Die Ernte dauert von Februar bis Juni und erfolgt gewöhnlich von Booten aus: Mit langstieligen Rechen „kämmt" man die Pflanzen von der Wasseroberfläche, bis sie sich vom Meeresgrund lösen. Gleich danach werden sie in Meerwasser gespült und frisch auf den Markt gebracht oder zum Trocknen aufgehängt.

Einkaufstip

Weil der Jodgehalt von Meeresgemüse erheblich schwankt, dürfen getrocknete Algen in Deutschland grundsätzlich nicht als Lebensmittel verkauft werden. Vor allem Braunalgen können Jod aus dem Meerwasser in den Zellen konzentrieren. Deshalb finden Sie Wakame und andere Algen in Naturkostläden als „Badezusatz".

IMPORTE ~ Getrocknete Pflanzen das ganze Jahr über aus Japan.

CHARAKTERISTIK
- Eßbar: ganze Pflanze mit Teilen des Wurzelsystems – genannt Mekabu (siehe Glossar).
- Aussehen: schwarze Streifen.
- Geruch: getrocknet ziemlich neutral, eingeweicht nach Meer.
- Geschmack und Konsistenz: angenehm nach Meer, knackig wie frisches Gemüse.

VERWENDUNG ~ Roh und gegart.

VORBEREITUNG
- Kalt abspülen und 5 Minuten in reichlich lauwarmem Wasser einweichen, bis das Volumen stark zugenommen hat.
- Gut ausdrücken.

AUFBEWAHRUNG

- Aus der angebrochenen Packung in ein verschließbares Glas umfüllen.
- Kühl, trocken und dunkel gelagert monatelang haltbar.
- feucht gewordene Algen im Backofen bei 50 °C wieder trocknen.

TYPISCHE GERICHTE

- Japan: auf Gurkenscheiben mit Dressing aus Sojasauce, Salz, Zucker und Reisessig legen und mit feinen Ingwerraspeln bestreuen.
- Japan: Suppe mit Wakame, Tofu und Miso (siehe Rezept S. 209).
- Korea: mit Knoblauch und Rinderfiletstreifen in Sesamöl anbraten, mit Kombubrühe aufgießen, Lauchzwiebelringe darin knapp gar kochen, mit Salz, Pfeffer und Sojasauce abschmecken.

EXTRATIP ~ Instant-Wakame gibt es in Japanläden zu kaufen. In Suppen streut man sie direkt aus der Packung: 1 Teelöffel auf 1 Tasse Flüssigkeit. Für Gemüse und Salat weicht man sie 5 Minuten ein; dabei nimmt das Volumen um etwa das 20fache zu.

Küchentips

- *Getrocknet sehen sich Wakame und Kombu (siehe S. 101) sehr ähnlich; erst nach dem Einweichen sind die Unterschiede gut zu erkennen: Kombu wirkt wie ein dicker brauner Streifen, Wakame entfaltet sich zu transparenten grünen Blättern.*
- *Als Salat schmeckt Wakame am besten mit Gurken und grünen Blattsalaten.*
- *Für Gemüse 1/2 Minute sprudelnd kochen und eiskalt abschrecken, damit sie die schöne grüne Farbe behält.*

Wasserkastanie

Eleocharis dulcis

Familie der *Cyperaceae* – Riedgrasgewächse

englisch: *Chinese water chestnut, waternut*

französisch: *liseron d'eau*

chinesisch: *Bigi, Mai Tai*

Nährwert (pro 100 g):
84 kcal, 459 kJ; 1,4 g Eiweiß, 0,2 g Fett,
19 g Kohlenhydrate

Verwandte der Pflanze wachsen als Zyperngras bei uns oft an Gartenteichen: dichte Grasbüschel mit schmalen, kräftigen Halmen und winzigen braunen Ährchen. Die 30 – 125 cm hohe Wasserkastanie gedeiht im nassen Uferboden und in Sümpfen so gut wie im Wasser. Die eßbaren Knollen mit braun-grauer Schale bilden sich an den Wurzeln.

URSPRUNG UND VERBREITUNG ~

Wasserkastanien sind in China ein traditionelles Gemüse und vermutlich schon seit 3000 Jahren bekannt. Noch heute sind sie typisch für die chinesische Küche in aller Welt.

ANBAU ~

Die Knollen pflanzt man im Frühjahr in stehende Gewässer und erntet, wenn die oberirdischen Teile der Pflanze welken: Dann sind die Knollen reif. Man kann sie auch erst bei Bedarf ausgraben, denn sie halten sich im Erdreich frisch.

IMPORTE ~

Frisch unregelmäßig aus Hongkong, China und Thailand.

Einkaufstips

- *Konserven gibt es in der Asienecke großer Warenhäuser und Supermärkte.*
- *Frische Wasserkastanien bekommen Sie auf Bestellung in Chinaläden und bei Fachhändlern für exotisches Obst und Gemüse.*
- *Wählen Sie möglichst große Früchte: Die sind leichter zu schälen.*

CHARAKTERISTIK

- Eßbar: Knollen.
- Form: wie eine flache Zwiebel, etwa 2 cm hoch und mit 2,5 – 4 cm im Durchmesser; an der Spitze mit einem Ring papierdünner Häutchen versehen.
- Farbe: dunkelbraun bis schwarz.
- Fruchtfleisch: fest und knackig, weiß bis gelblichweiß.
- Geruch: neutral.
- Geschmack: süß und angenehm, erinnert an Nüsse und Maronen.
- Qualitätsmerkmal: feste und einheitlich gefärbte Knollen; frisch geerntet sind sie braun-grau, gewaschen werden sie dunkel wie Mahagoni, das Fruchtfleisch ist rein weiß.
- Qualitätsmangel: die Knollen haben weiche Stellen mit gelblich verfärbtem Fruchtfleisch.

VERWENDUNG ~ Roh und gegart.

VORBEREITUNG

- Frische Wasserkastanien waschen und wie einen Apfel schälen.
- Dann sofort in kaltes Wasser legen und rasch weiterverarbeiten, damit sie sich nicht verfärben.
- Gelblich verfärbte Stellen großzügig herausschneiden.

AUFBEWAHRUNG

- Frische ungeschälte Knollen kühl, dunkel und luftig etwa 2 Wochen; häufig kontrollieren, ob die Knollen noch fest sind.
- Frische, geschälte Knollen mit Salz- oder Zuckerwasser bedeckt verschlossen im Kühlschrank etwa 2 Tage.
- Konservierte Knollen in einem Glasgefäß mit Wasser bedeckt etwa 1 Monat; das Wasser täglich erneuern.

TYPISCHE GERICHTE

- China/Osten: mit Fleischteig aus pürierter Schweinelende, Bauchspeck, Frühlingszwiebeln, frischem Ingwer, Sesamöl, Sojasauce, Reiswein und Stärkemehl umhüllen und als Bällchen fritieren.
- Indien: roh mit verschiedenen Beeren, Salz und Pfeffer mischen, gut kühlen und als Beilage zu Kürbiscurry servieren.
- International: mit Speck umwickeln, braten und zu Blattsalat servieren.
- USA: mit Keniabohnen im Wok braten.

ACHTUNG ~ In Dosen wird als Wasserkastanie auch die Wassernuß, eine europäische Wasserpflanze *(Trapa natans* oder *Trapa natans* var. *bicornis)*, angeboten. Diese Knollen darf man roh auf keinen Fall essen – das darin enthaltene Gift wird erst durch langes Kochen unschädlich!

Küchentips

- *Konservierte Wasserkastanien sind eine kulinarische Notlösung.*
- *Frische Wasserkastanien schmecken gegart besser als roh, weil sie dann saftiger und aromatischer sind.*
- *In der chinesischen Küche gelten sie als „kühles" Lebensmittel, das man mit „wärmenden" Zutaten wie Fleisch oder Zwiebeln kombiniert.*
- *Wasserkastanien passen nicht zu Fisch.*

Wassermimose

Neptunia oleracea

Familie der *Leguminosae* – Hülsenfrüchtler

englisch: *water mimosa*

Nährwert:
keine Angaben verfügbar

Die Wassermimose ist eine Hülsenfrucht, die nicht der Samen, sondern der Blätter und der jungen Schoten wegen angebaut wird.

URSPRUNG UND VERBREITUNG ~

Über die Heimat der Wassermimose gibt es keine gesicherten Erkenntnisse. Die Pflanze gedeiht in allen tropischen Ländern, wird aber vorwiegend in Südostasien kultiviert.

ANBAU ~ Ähnlich wie Reis in stehenden Gewässern oder auf überfluteten Feldern überwiegend in Südostasien.

IMPORTE ~ Vorwiegend aus Thailand.

CHARAKTERISTIK

- Eßbar: junge Blätter, Sproßspitzen und junge Schoten.
- Aussehen: fiedrige, zarte Blätter an dicken weißen Stielen.
- Geruch: neutral.
- Geschmack: erinnert an Salatblätter.
- Qualitätsmerkmal: gleichmäßig grüne und saftige Blätter, schön helle Stiele.
- Qualitätsmangel: Blätter beginnen zu faulen.

183

Einkaufstips

- *Wassermimosen sind in asiatischen Supermärkten großer Städte oft leichter zu bekommen als der bekanntere Wasserspinat (siehe S. 185).*
- *Außerdem gibt es das Gemüse bei Fachhändlern für exotisches Obst und Gemüse.*

VERWENDUNG ～ Gegart.

VORBEREITUNG ～ Waschen, dabei den watteartigen weißen Belag von den Stielen abstreifen.

AUFBEWAHRUNG ～ Maximal 2 Tage im Kühlschrank: Das wasserhaltige Gemüse wird rasch gelb und fault, deshalb zuerst in ein Geschirrtuch einschlagen und dann in einen Plastikbeutel geben.

TYPISCHE GERICHTE

● Thailand: Gemüsesuppe im chinesischen Stil auf der Grundlage von Hühnerbrühe mit Tofu, Mungobohnensprossen und Pilzen.

● Thailand: im Wok mit Ingwer, Knoblauch, Nudeln und Krabben braten, mit Sojasauce, Zucker und Fischsauce würzen.

Küchentips

- *Wassermimosen schrumpfen beim Garen etwa so wie Spinat: deshalb die Menge ausreichend bemessen.*
- *Wie andere Wasserpflanzen gilt auch dieses Gemüse als „kühles" Lebensmittel, deshalb mit „heißen" Zutaten wie Chili, Ingwer, Knoblauch und Fett kombinieren.*

Wasserspinat

Ipomoea aquatica

Familie der *Convolvulaceae* – Windengewächse

englisch: *morning glory, water spinach, swamp cabbage*

französisch: *patate aquatique*

indonesisch: *bayam hijam*

Nährwert (pro 100 g):
2,9 g Eiweiß; 0,5 g Fett;
weitere Angaben nicht verfügbar

Windengewächse sind bei uns Zierpflanzen und Unkraut: Eine der schönsten, die Prunkwinde mit roten, lila oder blauen Blütentrichtern, schmückt Pergolen und Wintergärten. Zwei andere Arten sind wichtige Lebensmittel: Wasserspinat und Bataten (siehe S. 162). Beide bilden Knollen, doch bei der Sumpfpflanze Wasserspinat kommt es nur auf die Blätter an.

Es gibt zwei Haupt-Varietäten: die einjährige Sumpfpflanze mit dunkelgrünen, schmalen, lanzettförmigen Blättern, die sehr nasse Böden braucht, und die mehrjährigen Wasserpflanzen, die aufgrund ihrer breiteren hellgrünen Blätter und den dicken hohlen Stielen wie Seerosen auf dem Wasser schwimmen.

URSPRUNG UND VERBREITUNG ~ Wasserspinat ist in einem riesigen Gebiet heimisch, das vom tropischen Westafrika bis nach Indien reicht. Heute wird er in vielen Ländern kultiviert.

ANBAU ~ In ganz Südostasien, Japan, Australien und einigen Regionen Afrikas, und zwar in Fischteichen, Wassergräben und auf sehr feuchten Böden.

Einkaufstips

• Beide Sorten Wasserspinat bekommen Sie bei Fachhändlern für exotisches Obst und Gemüse, vorwiegend auf Bestellung.

• In Asienläden müssen Sie sich meist nach den Länderküchen richten: Die Wasserpflanze gehört eher zur chinesischen, die zartere Sumpfpflanze zur thailändischen Küche.

IMPORTE ～ Unregelmäßig aus Thailand.

CHARAKTERISTIK
- Eßbar: Blätter und zarte Stiele.
- Geruch: neutral.
- Geschmack: mild mit wunderbarem Kontrast von knackigen Stielen und weichen Blättern.
- Qualitätsmerkmal: gleichmäßig grüne saftige Blätter.
- Qualitätsmangel: gelbliche Blätter, die zu faulen beginnen.

VERWENDUNG ～ Gegart.

VORBEREITUNG ～ Sehr gut waschen und in 2 cm lange Stücke schneiden.

AUFBEWAHRUNG ～ Maximal 2 Tage im Kühlschrank: Das wasserhaltige Gemüse wird rasch gelb und fault, deshalb zuerst in ein Baumwolltuch einschlagen und dann in einen Plastikbeutel geben.

TYPISCHE GERICHTE
- China: im Wok braten und mit einer kräftigen Sauce aus Shrimpspaste, mitteltrockenem Sherry, Chilischoten und Knoblauch würzen.
- Thailand: blanchieren, mit goldbraun gebratenen Tofustreifen und einer Sauce aus Knoblauch, Currypaste, Sojasauce, Zucker, Kokosnußmilch und gerösteten Erdnüssen anrichten.

● Thailand: in Fischsuppe zusammen mit Tomaten, Limettensaft und Chilipaste aus Schalotten, Knoblauch, Shrimpspaste und reichlich Chilischoten.

● nach China-Art: mit Knoblauch, schwarzen fermentierten Bohnen und Chilischoten braten.

● Indonesien: blanchieren und mit einer Würze aus Schalotten, Knoblauch, Krabbenpaste, Sambal oelek (siehe Glossar) und Zucker heiß oder kalt servieren.

EXTRATIP ~ Wasserspinat kann man roh zwar essen, doch Garen ist besser: Auf exotischem Blattgemüse können schädliche Mikroben leben, die durch Blanchieren oder Sautieren abgetötet werden.

Küchentips

• *Wasserspinat schrumpft beim Garen so stark wie unser heimischer Spinat: deshalb die Menge ausreichend bemessen.*

• *In der asiatischen Küche gilt Wasserspinat als „kühles" Lebensmittel und wird deshalb mit „heißen" Zutaten wie Chili, Ingwer, Knoblauch und Fett zubereitet.*

Weinblätter

Vitis vinifera

Familie der *Vitaceae* – Weinrebengewächse

englisch: *vine leaves*

französisch: *feuilles de vigne*

Nährwert:
keine Angaben verfügbar

Sie stammen von der echten Weinrebe und gehören damit zu den ältesten und wichtigsten Kulturpflanzen, die der Mensch zieht. Trauben und Wein als Aromaspender oder Konservierungsmittel verwendeten arabische Köche bereits vor einem knappen Jahrtausend: Aus gekochtem und/oder vergorenem Wein stellten sie flüssige Würze her, süß wie Honig und unserem Balsamessig ähnlich. Weinblätter nimmt man in der Küche des Nahen Ostens und im Mittelmeerraum als Hülle für Reis, Fleisch und Fisch – ebenso wie Bananenblätter für Asien und Afrika, Kohl- und Spinatblätter für Mittel- und Osteuropa typisch sind.

URSPRUNG UND VERBREITUNG ~ Der Weinstock stammt vermutlich aus Europa. Man nimmt an, daß er während der letzten Eiszeit vor etwa 10 000 Jahren in Südeuropa und Westasien „überwintert" hat; heute ist er weltweit verbreitet.

ANBAU ~ Weinblätter werden nicht um ihretwillen angebaut, sondern fallen in den Weinbaugebieten als Nebenprodukt an.

IMPORTE ~ Frisch von April bis Juni, vorwiegend aus der Türkei, konserviert in Salzlake oder Öl das ganze Jahr über.

Einkaufstip

Frische Weinblätter bekommen Sie in türkischen und griechischen Läden, konservierte auch in großen Supermärkten.

CHARAKTERISTIK
- Eßbar: Blätter.
- Form: je nach Rebsorte unterschiedlich mit großer oder kleiner Einbuchtung am Stiel, mehr oder weniger tiefen Einkerbungen und/oder gezacktem Blattrand.
- Geruch: wie frisches Laub.
- Geschmack: aromatisch, leicht säuerlich und bitter.
- Qualitätsmerkmal: mittelgrüne, saftige Blätter.
- Qualitätsmangel: schlaffe gelbliche Blätter.

VERWENDUNG ~ Gegart.

VORBEREITUNG
- Frische Blätter sehr gut waschen.
- Anschließend blanchieren.

AUFBEWAHRUNG ~ Frische Blätter sauber aufgeschichtet in einer Plastikbox maximal 2 Tage im Kühlschrank.

TYPISCHE GERICHTE

● Türkei: mit Gemüse und Reis gefüllt in Zitronensaft und Olivenöl gegart.

● Iran: mit einem Püree aus gekochten gelben Erbsen, Hackfleisch, Reis, Zitronensaft, Joghurt, Petersilie und Dillspitzen füllen und garen.

● Griechenland: mit einer Paste aus Petersilie, frischem Koriander, Knoblauch, Salz und Pfeffer füllen und schmoren.

Küchentips

- *Frische Weinblätter verlieren durch Blanchieren unangenehme Bitterstoffe.*

- *Blätter in Salzlake schmecken besser als Blätter in Öl.*

- *Blätter aus der Salzlake vor der Zubereitung kalt abspülen.*

- *Blätter, die beim Füllen reißen, wie Kräuter zerkleinern und in die Füllung mischen.*

Yam

Yamswurzel, Brotwurzel, Bulbenyam, Igname, Ignamenbatate

Dioscorea spp.

Familie der *Dioscoreaceae* – Yamswurzgewächse

englisch: *yam*

französisch: *igname*

Nährwert (pro 100 g):
98 kcal, 411 kJ; 2 g Eiweiß, 0,1 g Fett, 22 g Kohlenhydrate

Die Kletterpflanzen tragen an langen Stielen Blätter – wie bei Philodendron. Bei einigen Sorten ranken sie links *(Dioscorea esculenta)* herum, bei anderen rechts *(Dioscorea alata)*. Yams verfügen über Rhizome (siehe Glossar) wie mächtige Ingwerknollen. Wasser-Yam, die wichtigste Sorte, wird bis zu 2 Meter lang und über 50 Kilo schwer.

URSPRUNG UND VERBREITUNG ~ Viele der etwa 600 Yam-Arten wurden unabhängig voneinander bereits in prähistorischer Zeit in Afrika, Südasien, Südamerika und in der Karibik als kohlenhydratreiche Grundnahrungsmittel angebaut.

ANBAU ~ Yams werden vor allem in Afrika angebaut – Nigeria ist dort der größte Produzent. In Südamerika steht Brasilien an erster Stelle. Andere Sorten kultiviert man in Indien, Indonesien, Australien und in der Karibik. Der Anbau ist relativ schwierig, denn anders als Maniok sind die Pflanzen einjährig, und die Knollen ragen bis zu 1 m tief in die Erde.

IMPORTE ~ Aus Brasilien das ganze Jahr über mit Schwerpunkt von April bis Oktober.

191

Einkaufstip

Verschiedene Sorten von Yam bekommen Sie ohne weiteres bei Fachhändlern für exotisches Gemüse und Obst, in Asien-, Lateinamerika- und Afrikaläden. Meist werden bei uns vor allem weiße und gelbe Yam von 1 – 2 kg angeboten.

CHARAKTERISTIK

- Eßbar: Knollen.
- Knolle: je nach Sorte länglich wie ein Rettich, kräftig wie eine Keule oder wie Süßkartoffeln; mittelbraune bis rötlich-braune Schale; die Knolle ist besetzt mit borstigen Härchen wie bei Schwarzwurzeln.
- Fleisch: je nach Sorte weiß, gelblich oder rötlich.
- Konsistenz: gegart etwa wie Kartoffeln.
- Geruch: neutral, etwas nach Stärke.
- Geschmack: je nach Sorte neutral bis angenehm süßlich; verbindet sich hervorragend mit vielen anderen Aromen wie Butter, Gewürzen oder süßen Zutaten.
- Qualitätsmangel: Knollen mit weichen Stellen und bitterem Geschmack sind überlagert.

VERWENDUNG ～ Gegart.

VORBEREITUNG

- Wie Kartoffeln schälen, waschen und in Scheiben oder Würfel schneiden.
- Dem Rezept entsprechend weiterverarbeiten.

AUFBEWAHRUNG ～ Wie Kartoffeln, allerdings maximal 2 Monate.

TYPISCHE GERICHTE

- Brasilien: als Püree zu Fleisch, Fisch, Gemüse oder scharfen Saucen.
- Westafrika: kochen, pürieren, mit Zwiebeln, Tomaten, Petersilie, Koriander, Ei und Mehl zu Teigkugeln formen und in reichlich Öl braten.
- International: gebacken als Snack wie Pommes frites.
- International: in Eintopf oder Suppe mit Bohnen.

Küchentips

- *Für typisch afrikanische und brasilianische Gerichte eignet sich am besten aromatisches Erdnuß- oder Palmöl.*
- *Ansonsten nimmt man neutrales Speiseöl.*

WICHTIGE SORTEN

Wasser-Yam *(Dioscorea alata)*
Aus Asien. mit weißem bis rötlichem oder violettem Fleisch, das beim Garen mehlig wird und süß schmeckt.

Chinesische Yam *(Dioscorea batatas)*
Aus China, Korea, Japan und dem Osten der USA, gedeiht auch bei uns. Man erhält sie manchmal als kleine Knollen zum Selberziehen.

Kartoffel-Yam *(Dioscorea bulbifera)*
Schmeckt leicht bitter und wird beim Garen pappig.

Asiatische Yam *(Dioscorea esculenta)*
Aus Westafrika, Indien und Polynesien; schmeckt ähnlich aromatisch wie Süßkartoffeln.

Cush-Cush-Yam *(Dioscorea trifida)*
Aus Brasilien und der Karibik; es ist die einzige Yam, die aus der Neuen Welt stammt. Mit ihrem weißen, gelblichen oder rosafarbenen Fleisch gehört sie zu den besten Sorten.

Exotisches Gemüse
für die Gesundheit

Einst hatte Gemüse genau wie Kräuter eine wichtige Funktion in der Medizin. Hildegard von Bingen ist ein frühes und sehr prominentes Beispiel für europäische Phytotherapie im Mittelalter. Einige ihrer Erkenntnisse und Ratschläge sind durch die Forschung mittlerweile bestätigt worden, anderes ist genau wie die Thesen von Hippokrates, Galen oder Kneipp in die Volksmedizin übergegangen – ohne daß man die physiologische Wirkung wissenschaftlich nachweisen oder erklären konnte. Dennoch kurieren wir Halsschmerzen erfolgreich mit Kartoffelwickeln, verwenden Rettichsaft mit Honig als Hustenmittel und legen eine halbierte Zwiebelscheibe auf den Wespenstich, weil sie den Schmerz nimmt und die Schwellung verhindert.

Im Osten hat die traditionelle chinesische Medizin die eigene Überlieferung mit moderner Wissenschaft zu verbinden gewußt, und ein Fundament der chinesischen Diätetik sind Pflanzen. Im Westen begründete die Forschung zu *plant chemicals* vielleicht einen der wichtigsten Zweige moderner Heilkunde, vor allem was die Prävention von Zivilisationskrankheiten wie Herz- und Kreislaufbeschwerden, erhöhte Cholesterinwerte, Bluthochdruck und Krebs betrifft. Denn diese Bioaktiv-Stoffe entfalten Wirkungen wie Arzneimittel und können deshalb ganz natürlich bei der Abwehr von Krankheiten helfen. Exotisches Gemüse hat selbstverständlich ähnlich positive Effekte, sind Wasserspinat und Flaschenkürbis doch anderswo so heimisch wie bei uns Möhren und Radieschen.

Gemüse ist gesund – was wie eine Binsenweisheit klingt, haben Wissenschaftler also nun eingehend erforscht und dokumentiert. Dabei geht es schon lange nicht mehr um Vitamine, Mineral- und Ballaststoffe allein – gerade diese Verdauungshelfer sind übrigens eher spärlich vertreten, denn die meisten Gemüsearten verfügen über reichlich Wasser, aber wenig

Trockensubstanz. Das ist übrigens der Grund, weshalb Gemüse allein nicht satt macht, und Sie davon auch nicht dick werden können. Die folgenden Stichworte geben Ihnen einen Überblick zu den „gesunden" Inhaltsstoffen vieler Gemüse.

ADZUKI

Die Bohnen enthalten wie alle Hülsenfrüchte reichlich Eiweiß, so daß sie Vegetariern als Ersatz für Fleisch dienen. Kohlenhydrate und Ballaststoffe kurbeln die Verdauung an, beugen Darmbeschwerden und Hämorrhoiden vor. Nach den neuesten Forschungen zu Diabetes kontrollieren sie wie alle getrockneten Hülsenfrüchte Insulin und Blutzuckerwerte. In der chinesischen Diätetik wird Adzukibohnen-Brei jungen Müttern empfohlen, um den Milchfluß anzuregen. Äußerlich und innerlich angewendet helfen die Bohnen gegen Furunkel und Hautgeschwüre.

ARTISCHOCKEN

Sie fördern die Bildung von Gallensäuren, senken deshalb den Cholesterinspiegel und helfen bei der Verdauung von Fett. Außerdem fördern sie den Stoffwechsel über die Nieren.

AUBERGINE

Der wichtigste Aspekt für Europäer ist sicher die cholesterinsenkende Wirkung. In Westafrika gilt die Frucht als Mittel gegen Rheuma und Krämpfe. Die traditionelle koreanische Medizin schreibt getrocknete Pflanzen und Früchte zur Behandlung von Hexenschuß und Muskelschmerzen vor und macht damit Umschläge bei Gastritis, Rheuma und Verbrennungen. In der traditionellen chinesischen Medizin trinkt man einen Absud aus weißen Auberginen mit Honig bei trockenem und chronischem Husten.

AUGENBOHNEN

Sie gehören nach amerikanischen Forschungen zu den Hülsenfrüchten, die am wenigsten Blähungen verursachen. Außerdem pflegen sie wie andere getrocknete Hülsenfrüchte den Darm, liefern reichlich Eiweiß und sind gut verträglich für Diabetiker.

AVOCADO

enthält soviel Eiweiß wie kein anderes Gemüse oder Obst und wird im Fettgehalt nur von Oliven übertroffen. Ihr Fett ist sehr gesund, weil es zum großen Teil aus Ölsäure besteht, die den Cholesterinspiegel senkt und die Arterien schützt. Bei Cholesterinproblemen empfehlen amerikanische Ernährungsmediziner pro Tag ein halbe Avocado. Die Früchte halten außerdem die Verdauung in Schwung: Eine pürierte Avocado mit etwas Zitronensaft und Apfelessig vermischen und mit Vollkornbrot essen; das Brot liefert dabei die Ballaststoffe, die den Früchten fehlen. Schließlich sorgen Carotinoide in Avocados dafür, daß bestimmte aggressive Sauerstoffverbindungen (freie Radikale) nicht überhand nehmen und Schaden im Körper anrichten.

BAMBUSSPROSSEN

Die Sprossen gelten in China als kühles Lebensmittel und sind hervorragend geeignet, die „heiße" Energie von Fleisch zu neutralisieren. Salat aus frisch gekochten Bambussprossen mit frischem Ingwer ißt man, um bestimmte Formen von Husten zu kurieren.

BARBA DI FRATE

Die Wegerich-Pflanzen sind wichtiger Bestandteil der Naturmedizin: Ärzte der Antike, Hildegard von Bingen und Kräuterheilkundige der Renaissance empfehlen bestimmte Arten innerlich und äußerlich angewendet unter anderem gegen Geschwüre, Brandwunden, Magenkrankheiten, Hundebiß und Wechselfieber. Nachgewiesen ist inzwischen die antibiotische Wirkung. Außerdem helfen die Blätter aufgrund ihres Schleim- und Gerbstoffgehalts bei Wundheilung und Entzündung. Bienen- oder Wespenstiche, die Sie sofort mit den zerriebenen Blättern bedecken, schwellen nicht an und schmerzen kaum. Wegerich-Tee soll Bronchitis und Magen-Darm-Beschwerden lindern.

BITTERGURKE

Die nach der chinesischen Diätetik „kühle" Frucht soll den Körper entgiften, indem sie die Leber stärkt und das Blut reinigt. Chinesische Mütter geben ihren von Akne geplagten Teenagern Bittergurken, und wer nach einem Meeresfrüchte-Essen an Hautpickelchen leidet, kuriert sich mit Bittergurken.

BROTFRUCHT

Ihr Fruchtfleisch liefert nicht besonders viele Vitamine, aber reichlich Kohlenhydrate und Zucker und ist deshalb ein wichtiger Energiespender. Das gilt auch für die Samen, die zusätzlich noch viel Eiweiß enthalten. Damit man das Eiweiß auch verwerten kann, müssen die Samen gekocht oder geröstet werden, denn bestimmte Substanzen (Protease-Inhibitoren) in den rohen Samen hemmen die Proteinaufnahme.

CHA-OM

Gilt als wichtiger Lieferant von Eiweiß, soll außerdem reich an Vitamin C sein. Aufgrund des hohen Tanningehalts aller Akazien wird vermutet, daß das Gemüse auch entzündungshemmend im Mund- und Rachenbereich wirkt.

CHINESISCHER BROKKOLI

Er soll stärker kühlen als andere Kohlgemüse, so daß man ihn in China mit „heißen" und/oder fetten Zutaten wie scharfen Saucen, Chili, Ingwer, Knoblauch, Öl und Fleisch kombiniert.

CHOI SAM

Das nach der chinesischen Diätetik neutrale Gemüse mit Tendenz zum Kühlen verträgt „warme" Zutaten wie etwas Zucker, Knoblauch oder Ingwer.

DAIKONRETTICH

Die Senföle in Rettich wirken gegen schädliche Mikroorganismen vor allem im Bereich der Harnwege. Die chinesische Diätetik empfiehlt Rettich bei Völlegefühl nach zu schwerem fettem Essen; deshalb ist er auch als Zutat in deftigen chinesischen Suppen beliebt. In der Volksmedizin setzt man Rettichpüree mit Milch und Getreidestärke gemischt bei hartnäckigem Durchfall ein.

DULSE

Wie alle Algen enthält sie viel Jod und eignet sich deshalb als Ersatz für die von Experten empfohlene regelmäßige Fischmahlzeit. Algen sollen noch eine Menge Heilwirkungen besitzen: Indem sie die Fließeigenschaften des Blutes verbessern, beugen sie Bluthochdruck und Schlaganfällen vor. Die antibiotische Wirkung könnte Bakterien im Dickdarm daran hindern, Kanzerogene zu produzieren. Nach amerikanischen Forschungen scheinen Algen auch wohlwollenden Mikroorganismen bei der Bildung bestimmter Hormone gegen Brustkrebs zu helfen.

FLASCHENKÜRBIS

Er enthält Carotin für gesunde Zellen, wird in China zum Entwässern bei Ödemen und bei trockenem Husten verabreicht.

GEMÜSEPAPAYA

Als unreife Früchte liefern sie genau wie Papaya-Blätter das Eiweiß-Enzym Papain, mit dem Medikamente gegen Verdauungsstörungen hergestellt werden. Papayas enthalten reichlich antikanzerogenes, zellschützendes Vitamin C und Beta-Carotin, außerdem Terpene, Aromastoffe, die als wichtige Kanzerogene gelten. Die Frucht fördert die Verdauung von Eiweiß und wirkt neutralisierend bei zuviel Magensäure. Der hohe Vitamin-C-Gehalt sorgt außerdem für gesunden Blutdruck. Die reifen Kerne setzt man in Asien als Mittel gegen Darmparasiten ein.

GUARBOHNE

Das darin enthaltene Guaran wird in der Ernährung bei Diabetes verwendet, weil es die Aufnahme von Glucose verzögert.

HARICOT DE MER ~ siehe *Dulse*.

KLETTENWURZEL

In Japan gilt sie als Energiespender und kräftigend nach schwerer Krankheit. Neben Eiweiß enthält sie den Ballaststoff Inulin, der bestimmten Darmbakterien als Nahrung dient und so den Verdauungstrakt gesund hält. Inulin gehört übrigens zu den Ballaststoffen, die für eine geregelte Verdauung sorgen – fast ohne lästige Nebenwirkungen wie Blähungen und Völlegefühl.

KOCHBANANE

Die kaliumreiche Frucht empfehlen Sportärzte zum Aufbau der Muskeln. Pürierte Bananen als Umschlag helfen gegen Halsentzündung, die Schalen von reifen Bananen sollen Migräne lindern und Warzen heilen.

KOMBU

Enthält besonders viel Jod, dazu Calcium, Eisen und zellschützendes Beta-Carotin. In der traditionellen chinesischen Medizin werden Schwellungen damit kuriert.

KÜRBIS

In Amerika lindert man mit eiskaltem Kürbispüree Sonnenbrand und Verbrennungen. Frisches Kürbisfleisch soll Migräne, der ausgepreßte Saft Ohrenschmerzen lindern. Kürbis wirkt aufgrund des hohen Gehalts an Carotinoiden vermutlich vorbeugend gegen Krebs.

LAITUE DE MER ～ siehe *Dulse*.

LOTUSWURZEL

Die Wurzel enthält ziemlich viel Vitamin C. In der chinesischen Diätetik gilt Lotus als blutbildend und appetitanregend – allerdings erst nach einer Kochzeit von 1 oder 2 Stunden. Der Saft von Lotus, vermischt mit frisch gepreßtem Ingwersaft, lindert Übelkeit.

LUFFA

Ist in China ein Sommergemüse, das angenehm kühlt.

MALABAR-SPINAT

Zählt ebenfalls zu den Sommergemüsen, die den Kreislauf entlasten. Außerdem liefert der Spinat eine beachtliche Menge an pflanzlichem Eiweiß sowie zellschützendes Beta-Carotin, Calcium für Knochen und Zähne und Eisen fürs Blut.

MANIOK

Püree und gekochte Tapiokaperlen lindern Magenbeschwerden.

MOSCHUSKÜRBIS ～ siehe *Kürbis*.

MUNGOBOHNEN

Bei Durchfall verordnen chinesische Ärzte einen Absud aus Mungobohnen und Chinakohl, bei Vergiftungen einen Sud aus Mungobohnen und Süßholzwurzel. Mungobohnensprossen sind reich an Vitamin C und sollen – als Salat oder Suppe – den „Kater" nach zuviel Alkohol lindern.

NORI
Enthält vermutlich mehr als zehnmal soviel Vitamin A wie Spinat, soviel Vitamin C wie Zitronen und soviel Eiweiß wie Bohnen und Erdnüsse. Außerdem liefert die Alge reichlich Calcium, Eisen, Jod und Carotin als Antikanzerogen. Japanische Forscher haben in Nori eine Substanz gegen Magengeschwüre gefunden, die offenbar auch gegen Salmonellen und andere schädliche Darmparasiten wirkt.

PAKSOI
soll die Verdauung unterstützen.

SALAT-CHRYSANTHEME
hat beruhigende Wirkung auf den Magen.

SCHWAMMGURKE
kühlt und „befeuchtet" den Organismus, wie es in der chinesischen Diätetik heißt. Schwammgurken sind deshalb das richtige Essen bei schwüler Witterung.

SENFKOHL
In der traditionellen chinesischen Medizin gilt milchsauer eingelegter Senfkohl als Mittel gegen Erkältungen.

SOJABOHNE (GELB)
Sie gehört zu den wichtigsten pflanzlichen Lebensmitteln, weil sie reich an Eiweiß mit einem hohen Anteil lebenswichtiger Aminosäuren ist, ungesättigte Fettsäuren und relativ viel Eisen enthält, das der Körper leicht aufnehmen kann. Sojaeiweiß senkt Cholesterin, reguliert die Darmfunktion und soll bestimmten Krebsarten vorbeugen. Möglicherweise schützen sie vor Gallensteinen, ersetzen Östrogen nach der Menopause und helfen so bei der Brustkrebsprävention. Sojabohnensprossen sollen Müdigkeit vertreiben und den Appetit anregen.

STRUMPFBANDBOHNEN
Sollen Magen und Nieren stärken.

SÜSSKARTOFFEL
Wie alle gelb- und rotfleischigen Früchte und Gemüse spielt sie durch den hohen Gehalt an Carotinoiden eine wichtige Rolle bei

der Krebsprävention. Sie gehört aufgrund des hohen Gehalts an Kohlenhydraten zu den wichtigsten Energielieferanten. Zuviel Süßkartoffeln – so die Chinesen – verursachen allerdings Verstopfung. Doch als wahre Feinschmecker wissen die Chinesen auch dafür delikate Gegenmittel: Süßkartoffeln in aromatischem Öl rösten, mit Ingwer würzen und mit gutem Weißwein genießen.

TARO

In kleinen Mengen unterstützt Taro die Verdauung, sonst kann sie Beschwerden verursachen. Rohe Taros sind schwach giftig und können Allergien auslösen.

TOMATILLO

wie ihre Verwandte, die Physalis, zählt sie zu den Früchten mit beachtlichen Mengen an Beta-Carotin und Vitamin C. Außerdem ist sie reich an Phosphor und Eisen.

WACHSKÜRBIS

Den Saft der gedämpften Frucht verordnen chinesische Ärzte als bewährtes Mittel bei Husten und Kurzatmigkeit. In der Diätetik schätzt man Wachskürbis, weil er innere Kühlung bei starker sommerlicher Hitze verschafft: Die Suppe essen die Kantonesen bei schwülem Wetter. Das Fruchtfleisch, die Samen und die Schale lindern Sonnenbrand und Durst, fördern die Wasserausscheidung und sollen darüber hinaus beim Abnehmen helfen. Die Schale gilt als besonders gesund, deshalb kocht man sie in der Suppe mit.

WAKAME

In Korea essen junge Mütter eine „Kindbettsuppe" mit Wakame, um nach der Geburt schnell wieder zu Kräften zu kommen.

WASSERKASTANIEN

Wertvoll sind sie wegen des hohen Gehalts an Kohlenhydraten. Salat mit rohen Wasserkastanien wirkt gegen schädliche Mikroorganismen.

WASSERMIMOSE

Soll reich an Vitamin C sein.

WASSERSPINAT

In den USA und Kanada, wo eine Art von Wasserspinat wie Unkraut gedeiht, gehören Blätter und Blüten zur Volksmedizin: Blütentinktur lindert Kopfschmerzen und entzündete Augen, zerriebene Blätter helfen bei Insektenstichen (siehe auch *Barba di frate*), Absud aus Blättern und Blüten nimmt man zur Wundheilung.

YAMSKNOLLE

Als Grundnahrungsmittel wie Kartoffeln gegessen, deckt die Yam den täglichen Bedarf an Eiweiß, Thiamin und Vitamin C. Außerdem enthält sie cholesterinsenkende Saponine.

Kochen mit exotischem Gemüse

Für mich scheinen exotische Gemüse sehr stark mit der vegetarischen Küche verbunden – vielleicht, weil das Vegetarische mit seinen Farben und Formen, seinen Düften und Aromen mein „Thema" ist. Zudem kommt der Reiz der fremden Gemüse am besten zur Geltung, wenn man sowenig Zutaten wie möglich mischt – Schärfe von Knoblauch, Ingwer und Chilis, Säure von Zitrusfrüchten und Tamarinde, Süße von Zucker und Soja, salzige Saucen und einige Aromen wie frische Kräuter und verschiedene Öle reichen gewöhnlich vollauf.

Wichtig ist die Struktur der Gemüse: Weiche Blätter sollten sich mit knackigen Stielen mischen wie beim Wasserspinat, die mehlige Konsistenz der Maniok, Süßkartoffel oder Brotfrucht wird beim Fritieren oder Braten weich und dennoch knusprig, Okra und verschiedene Hülsenfrüchte geben dicken Suppen Bindung, besonders Zartes eignet sich gut für den Wok.

Ein dritter Aspekt ist die Wirkung der Speisen auf unseren Organismus. Daß uns etwas „schmeckt", hängt mit verschiedenen Faktoren zusammen: Prägung in der Kindheit, angenehme Erinnerungen sind ein paar psychologische, Sättigungswirkung und biochemische Reaktionen ein paar physiologische Gründe. Ein philosophisches Erklärungsmodell stammt aus Ostasien: Die beiden Urkräfte Yin und Yang bestimmen das Universum, folglich auch unser Leben. Es kommt deshalb selbst beim Kochen darauf an, die Zutaten im einzelnen Gericht und die Speisen im Menü so zu kombinieren, daß dunkles, kühles Yin und helles, heißes Yang einander die Waage halten. Auf dieser Skala von kalt bis heiß sind alle Lebensmittel und Kochtechniken angeordnet: Die an sich „kühle" vegetarische Ernährung bedarf der Ergänzung durch „warme" Gewürze wie Ingwer, auf das „kühle" Blanchieren und Abschrecken des Spinats sollte die „heiße" Kochtechnik, das kurze Braten im Wok folgen.

Ich glaube, daß man gar nicht wissen muß, welche Lebensmittel und Techniken dem „Kühlen" oder „Warmen" zugeordnet sind; es genügt, sich eine Zutatenkombination, ein Gericht oder eine Menüfolge wie ein Bild genau vorzustellen, um zu erkennen, ob es denn schmecken wird. Und wenn die Vorstellung Sie erschauern läßt, kann das Kälte sein – wie Gazpacho nach einem Winterspaziergang.

Die Vorbereitung der Exoten-Gemüse unterscheidet sich nicht besonders vom heimischen Gemüse: Selbst Meeresalgen werden nur wie Spinat blanchiert oder wie Trockenpilze eingeweicht. Hilfreiche Details stehen direkt bei den Pflanzenporträts.

SPROSSEN IN WEST UND OST

Bei uns wurden sie durch makrobiotische und vollwertige Ernährung bekannt und oft überschätzt. Sprossen sind nicht grundsätzlich Nährstoffbomben, wie man in manchen (Koch-)Büchern zu alternativen Kostformen lesen kann. Die meisten enthalten etwa so viele Vitamine und Mineralstoffe wie anderes Gemüse und sind auch nicht besser verdaulich. Manche Menschen vertragen rohe Sprossen sogar überhaupt nicht. Trotzdem lohnt der Versuch, denn Sprossen schmecken gut in Salat und Rohkost. Besonders im Winter, wenn es wenig Auswahl an frischem Gemüse gibt, bereichern sie die Salatschüssel.

In der ostasiatischen Küche gehören Sprossen von Hülsenfrüchten zu den traditionellen Lebensmitteln: Man schätzt die Gegensätze, eine „Spannung", die man empfindet, wenn man Essen nicht nur als Nahrungsaufnahme oder gesellschaftliches Ereignis betrachtet. Denn aus dem komprimierten, trockenen Samen entwickelt sich die frische Sprosse, eine neue Form, anders in Struktur, Biß, Geschmack und Aroma.

SPROSSEN KEIMEN

In Reformhäusern und Naturkostläden gibt es spezielle Keimgeräte. Einfache (Weck-)Gläser, Verbandmull und Gummibänder tun es aber auch. Samen bekommen Sie in Naturkostläden, Reformhäusern und Gartencentern. Auf der Packungsaufschrift muß vermerkt sein, daß die Samen zum Keimen von frischen Sprossen bestimmt sind.

Leicht keimen alle Hülsenfrüchte, Alfalfa und Rettich. Rote Linsen und halbierte, helle Urdbohnen sind geschält und deshalb nicht mehr keimfähig.

Bei Keimgeräten liegt eine Anleitung bei. Wenn Sie Gläser verwenden, geben Sie die Samen hinein, und verschließen Sie die Öffnung mit Verbandmull und einem Gummiband. Die Gläser mit warmem Wasser füllen und die Samen etwa 6 Stunden quellen lassen. Die Flüssigkeit sorgt dafür, daß der Keimprozeß beginnt. Gläser im Spülbecken umstülpen, bis das Wasser abgelaufen ist. Dann stellt man sie wieder aufrecht und läßt sie an einem warmen, hellen Platz bis zu 5 Tagen keimen. Die Samen müssen Sie täglich mit reichlich Wasser übergießen, etwa 10 Minuten stehen lassen und wie oben beschrieben abgießen.

Die Samen sollen weder zu feucht oder zu trocken sein. Wenn man sie zu wenig gießt, keimen sie nicht. Zu nasse Samen schimmeln und werden ungenießbar. Manche Samen bilden während des Wachstums feine Wurzeln, die optisch an Schimmel erinnern. Vorsichtshalber sollten Sie daran riechen: Was unangenehm muffelt, müssen Sie wegwerfen.

● Auf allen Sprossen wachsen Keime. Wer einen empfindlichen Magen hat, sollte auch Alfalfa-, Daikon- und Mungobohnensprossen grundsätzlich blanchieren oder im Wok sautieren.

● Die Sprossen von allen anderen Hülsenfrüchten muß man ohnehin etwa 5 Minuten garen, damit sie gut verträglich und wohlschmeckend sind.

Rezepte

Auf den folgenden Seiten finden Sie authentische Länder-küche. Die Rezepte stammen entweder von ausländischen Freunden und Bekannten oder wurden auf Reisen gesammelt.

BANANEN-MANGO-CHUTNEY
Cutney de banana e nabga
Von Iris Bichlmaier-Zalszupin

für 8

8 grüne Mangos
6 grüne Kochbananen
1 Stück frischer Ingwer (ca. 8 cm)
1/8 l Essig
1/8 l Wasser
125 g Zucker
je 75 g Rosinen und Korinthen
1 EL Zimtpulver
1 EL gemahlene Nelken

● Die Mangos und die Bananen schälen und in kleine Stücke schneiden. Den Ingwer ebenfalls schälen und fein zerkleinern oder auf der Rohkostreibe reiben.
● Essig, Wasser, Zucker, Rosinen und Korinthen, Zimt und Nelken in einem Topf mischen, aufkochen und 5 Minuten bei mittlerer Hitze kochen.
● Obst und Ingwer dazugeben und bei mittlerer bis schwacher Hitze unter häufigem Umrühren garen, bis sich das Chutney vom Topfboden löst. Als Beilage zu Fleisch oder Fisch reichen.

Iris Bichlmaier-Zalszupin aus São Paulo ist eine höchst kreative, fleißige Frau: Neben ihrem Partyservice führt sie eine Wein-handlung, organisiert Feste, weiß viel über Essen und Trinken, kann sehr gut kochen und anschaulich über die Pflanzen er-zählen, die in ihrer Heimat wachsen. Von ihr stammen die bei-den Rezepte zu Kochbananen und Bananenblüten.

BANANENBLÜTENSALAT
Salada de flor de banaeira
Von Iris Bichlmaier-Zalszupin

für 4

4 Bananenblüten
Saft von 1 Zitrone
1 TL Natron
3 EL milder Weißweinessig
Salz, weißer Pfeffer aus der Mühle
9 EL Olivenöl
50 g grüne Oliven
1 dünne Porreestange

● Alle harten äußeren Blätter der Bananenblüten entfernen. Die jungen, farblosen Blätter in der Mitte in feine Ringe schneiden. Etwa 10 Minuten in Zitronenwasser geben, abgießen, kalt abspülen und in reichlich Wasser mit Natron 3 – 4 Minuten sprudelnd kochen, bis sie gerade eben weich sind.

● Für die Vinaigrette den Essig mit Salz, Pfeffer aus der Mühle und Öl verrühren. Die Oliven grob zerkleinern. Den Porree putzen, waschen und nur die weißen Teile des Blattschafts ganz fein zerkleinern.

● Die Bananenblüten abgießen, kalt abspülen und etwas abkühlen lassen. Mit Porree und Vinaigrette mischen, mit den Oliven garnieren und sofort servieren.

In Brasilien verwendet man Natron im Kochwasser, damit Gemüse und Früchte ihre schöne Farbe behalten.

PAPAYASALAT

für **4**

ca. 20 g Tamarindenmark (siehe Glossar)
3 EL Fischsauce
3 EL Palmzucker
4 Knoblauchzehen
5 weiße Pfefferkörner
1/2 TL getrocknete Chilischoten
2 EL Limettensaft
1 Gemüsepapaya
1 Limette
100 g Krabben

● Für das Dressing Tamarindenmark in 1/8 l warmem Wasser auflösen. Mit den Fingern oder einem Löffel auf den Block drücken, bis das Wasser dick und braun ist. Wasser durch ein Sieb abgießen und die festen Teile noch mal gut ausdrücken, bevor man sie wegwirft.

● 2 EL vom Saft abnehmen und mit Fischsauce und Palmzucker in einem kleinen Topf aufkochen und wieder abkühlen lassen.

● Knoblauch abziehen und mit den Pfefferkörnern und Chiliflocken in einem Mörser möglichst fein zerreiben. Tamarindenmischung und Limettensaft unterrühren.

● Die Papaya halbieren, die Kerne entfernen, die Hälften schälen und auf der Rohkostreibe grob raspeln. In einer Schüssel mit einem Kartoffelstampfer wie rohen Kohl für Salat stampfen, bis Saft austritt.

● Die Limette mit einem Sparschäler dünn schälen und zuerst in Scheiben, dann in kleine Stücke schneiden. Mit der Papaya, den Krabben und dem Tamarindendressing vermischen. Auf Salatblättern anrichten und beliebig rohes Gemüse dazu servieren.

Der Salat ist meine Abwandlung eines Thai-Rezepts. Ich esse ihn gern zu frisch gekochtem heißem Reis.

MISOSUPPE MIT TOFU UND WAKAME
Tofu to Wakame no Misoshiru
Von Michiyo Ernst

für 4

1 EL getrocknete Wakame
125 g Tofu
1/4 Bund Schnittlauch (ersatzweise 1/2 Frühlingszwiebel)
1 TL Instant-Dashibrühe (siehe Glossar)
800 ml Wasser
75 g Miso (siehe unten)

●Wakame in warmem Wasser etwa 10 Minuten einweichen, bis sie glatt ist. Tofu in etwa 1 x 1 cm große Würfel schneiden. Schnittlauch zu feinen Röllchen zerkleinern.
●Brühepulver in das Wasser rühren und zum Kochen bringen. Miso in der kochenden Brühe auflösen.
●Wakame abgießen, abtropfen lassen und mit dem Tofu in die Brühe geben. Kurz aufkochen und sofort wieder von der Kochstelle nehmen.
●Die Suppe in Schälchen anrichten und mit 1 Eßlöffel Schnittlauch bestreut servieren.

Miso ist scharfe rote Bohnenpaste, die man in Japan und Korea als salzige Würze nimmt. Kochen sollte man sie nicht, denn das Aroma geht verloren, und es bleibt nur das Salz übrig.

Michiyo Ernst lehrt japanisch Kochen an der Volkshochschule. Ich habe sie kennengelernt, als ich Männer und Frauen aus allen Ländern suchte, die mir für ein großes Buch Rezepte aus ihrer Heimat geben konnten. Bei den Rezepten allein ist es dann nicht geblieben – Michiyo hat mir in einem langen Gespräch sehr viel über die japanische Familienküche erzählt.

ARAME MIT MÖHREN UND TOFU

für 4

30 g getrocknete Arame
250 g Tofu
2 mittelgroße Möhren
3 Lauchzwiebeln
2 EL neutrales Speiseöl
1 EL japanische Sojasauce, Shoyon (siehe Glossar)
1 EL Mirin (siehe Glossar)
1 TL Sesamöl
Salz

- Die Arame kalt abspülen, 10 Minuten in reichlich kaltem Wasser einweichen, bis das Volumen etwa fünfmal so groß ist.
- Mit dem Einweichwasser in einen Topf geben, eventuell soviel frisches Wasser zugießen, daß die Arame davon bedeckt sind, aufkochen und etwa 30 Minuten kochen.
- Inzwischen den Tofu trockentupfen und in kleine Würfel schneiden. Die Möhren schälen und in bleistiftdünne Stifte schneiden. Lauchzwiebeln putzen, waschen und mit dem saftigen Zwiebelgrün in dünne Ringe schneiden.
- Die Arame abgießen und dabei die Brühe in einem weiteren Topf auffangen.
- Das Öl im Wok erhitzen, den Tofu darin unter Rühren leicht braun anbraten. Möhren, Zwiebelringe und Arame zugeben und kräftig rösten.
- 1/8 l Arame-Brühe abmessen und zugießen. Alles mit Shoyon, Mirin und Sesamöl würzen, mit Salz abschmecken und sofort servieren. Dazu paßt Reis.

Makrobiotische Küche mit japanischer Kochkunst gemischt, ergibt oft höchst interessante Gerichte. Hier lernen Sie Zutaten kennen, die Ihnen vielleicht nicht sehr vertraut sind: süßen Mirin und eher trockenen Sake.

ORECCHIETTE MIT CIMA DI RAPA
Orecchiette con cima di rapa
Nach Angelo Aurora

für 4

600 g Cima di rapa
Salz
300 g Orecchiette (siehe Glossar)
2 Knoblauchzehen
1/4 TL getrocknete Chiliflocken
knapp 1/8 l Olivenöl
1 Sardellenfilet

● Cima di rapa putzen, waschen und wie Brokkoli in Röschen und Stiele teilen. In reichlich sprudelnd kochendes Salzwasser geben und etwa 2 Minuten blanchieren. Mit einem Schaumlöffel auf ein Sieb geben und in kaltes Wasser mit einigen Eiswürfeln tauchen. Abtropfen lassen.

● Das Wasser wieder zum Kochen bringen und die Orecchiette darin *al dente* garen.

● Nun den Cima di rapa mit gehacktem Knoblauch und Chiliflocken im heißen Olivenöl dünsten, bis er gerade eben bißfest ist.

● Die Orecchiette abgießen, mit dem fein zerkleinerten Sardellenfilet zum Cima di rapa geben und alles mischen. Mit Salz und Pfeffer abschmecken und sofort servieren.

Angelo Aurora verdanke ich das köstlichste Ostermenü meines Lebens. Es fand statt in Gravina, einem kleinen Ort in Apulien. Angelo hatte uns im Ristorante „Madonna della Stella" einen Tisch reserviert. Das Ristorante besitzt den Charme des Ausflugslokals auf Bayerns „Heiligem Berg" und war ebenso brechend voll. Doch damit endet der Vergleich auch schon: Die Küche bewältigte spielend die Menschenmassen, der Service war gleichbleibend aufmerksam und freundlich, das vielgängige Menü ein kulinarisches Erlebnis. Mittendrin aßen wir Orecchiette mit Cima di rapa, und nach dem Nußlikör zum Schluß bat ich Angelo für mich als Dolmetscher beim Küchenchef zu fungieren. Doch Angelo als gebürtiger Puglieser brauchte dessen Unterstützung nicht, sondern verriet mir einfach das Rezept der Familie Aurora.

AUBERGINEN MIT EIERN
Mirza Ghasemi
Von Maryam Rahnama

für 4

4 Auberginen
1 große Dose Tomaten
3 Knoblauchzehen
1/2 TL gemahlene Gelbwurz
2 EL Öl
3 große Eier
Salz und Pfeffer

● Die Auberginen schälen und würfeln. Die Tomaten aus der Dose durch ein Sieb abgießen, den Saft auffangen. Die Tomaten mit einer Gabel zerdrücken.

● Die Auberginen mit dem Tomatensaft in eine Pfanne geben, aufkochen und zugedeckt bei schwacher Hitze in etwa 15 Minuten ganz weich kochen. Die Tomaten zugeben und bei starker Hitze unter Rühren kochen, bis die Flüssigkeit ziemlich verdampft und die Mischung fast trocken ist. In eine Schüssel geben und mit dem Kartoffelstampfer zerdrücken.

● Die Knoblauchzehen schälen und hacken. Die Eier verquirlen. Die Pfanne mit Küchenpapier auswischen, das Öl darin erhitzen. Den Knoblauch und die Gelbwurz zugeben und solange braten, bis der Knoblauch glasig ist.

● Die Auberginenmischung zugeben und in der Pfanne glattstreichen. Die Eier ebenfalls zugeben und bei starker Hitze rühren, bis sich alles miteinander vermischt hat. Mit Salz und Pfeffer abschmecken und sofort servieren. Dazu ißt man Brot und Joghurt mit frisch gehackten Kräutern.

Die Ursprünge dieses typisch iranischen Gerichts reichen weit zurück: Bereits in der arabischen Küche des Mittelalters gibt es eine ähnliche Zubereitungsart – manchmal vermischte man Auberginen und Eier noch mit feinem Mehl, Würfel von weißem Brot oder geriebenem Käse. Damals mußten die Auberginen übrigens zuerst eingesalzen werden: Mit dem austretenden Saft verloren sie auch den größten Teil der Bitterstoffe.

MAISFLAMMERI MIT OKRASCHOTEN

für **4**

150 g Okraschoten
2 EL Öl
1 frischer Maiskolben
1/2 l Hühnerbrühe
1 TL Salz
150 g feines Maismehl
2 EL Butter
1 EL Koriandergrün

● Den Maiskolben von Hüllblättern und Fäden befreien, waschen und die Körner mit einem scharfen Messer vom Kolben abschneiden.

● Die Okraschoten waschen und abtropfen lassen. Die Stielansätze abschneiden, die Schoten in fingerbreite Stücke schneiden.

● Das Öl in einer Pfanne erhitzen. Die Okraschoten darin bei starker bis mittlerer Hitze unter ständigem Wenden schön braun anbraten. Zugedeckt warm halten.

● Die Brühe mit dem Salz in einem großen Topf aufkochen. Das Maismehl unter ständigem Rühren als dünnen Strahl zugeben. Die Okraschoten, die Maiskörner und die Hälfte der Butter unterrühren. Den Flammeri bei möglichst schwacher Hitze unter Rühren etwa 5 Minuten garen, bis er sich vom Rand des Topfes löst.

● Den dampfendheißen Flammeri auf eine vorgewärmte Servierplatte stürzen und zu einem Kegel formen. Rasch mit der restlichen Butter bestreichen, mit dem fein zerkleinerten Koriander bestreuen und sofort servieren.

Ein Essen aus der Karibik, das gewöhnlich der Insel Barbados zugeordnet wird. Doch Okras und Mais sind weltweit verbreitet, die Kombination in heißen Ländern so üblich wie bei uns Eintopf aus grünen Bohnen mit Kartoffeln. Das Besondere hier sind die knapp und kroß gebratenen Okraschoten. Sie verzieren den gelben Flammeri mit grünen Sprenkeln und geben dem leicht bitteren Maismehl ein wunderbares Aroma. Der Flammeri schmeckt solo mit Salat oder zu Fleisch vom Grill oder Lammragout.

MUNGOBOHNENPUFFER

für 4

Teig
400 g grüne Mungobohnen
200 g Mungobohnensprossen
250 g Tofu
125 g Salzgurken
1 kleine Zwiebel
2 Knoblauchzehen
3 Eier
2 EL Mehl
1 TL Salz
1/4 TL schwarzer Pfeffer aus der Mühle
1 EL Sesamöl
1 EL Sesamsamen

Zum Belegen
je 2 mittelscharfe rote und grüne Chilischoten
5 Lauchzwiebeln
6 Knoblauchzehen

Dip
100 ml helle Sojasauce
2 EL dunkle Sojasauce
1 kleines Bund Schnittlauch
1 Knoblauchzehe
1 TL Sesamöl
schwarzer Pfeffer
1 TL Sesamsamen
8–10 EL neutrales Speiseöl

● Die Bohnen 4 Stunden mit kaltem Wasser bedeckt einweichen. Abgießen, abtropfen lassen, die grünen Häutchen abreiben und im Blitzhacker nicht zu fein zerkleinern. Die Bohnensprossen in reichlich sprudelnd kochendem Wasser 2 Minuten blanchieren. Abgießen und abtropfen lassen.
● Die Salzgurken und den Tofu kleinwürfeln. Die Zwiebel und den Knoblauch abziehen und fein hacken.
● Die Eier mit dem Mehl in einer Schüssel verquirlen. Bohnenpüree, Bohnensprossen, Salzgurke, Tofu, Zwiebel, Knoblauch, Salz, Pfeffer, Sesamöl und Samen zugeben und alles zu einem

weichen Teig mischen. Den Teig zugedeckt etwa 30 Minuten ruhen lassen. Falls er dann zu fest ist, soviel Wasser untermischen, daß er die Konsistenz von dickem Eierkuchenteig hat.

● Während der Teig ruht, die Chilischoten halbieren, Trennwände und Kerne entfernen, Schoten waschen und in feine Streifen schneiden. Die Lauchzwiebeln putzen, waschen und fein zerkleinern, den Knoblauch abziehen und fein hacken. Alles für den Belag mischen.

● Für den Dip die Sojasauce mit Schnittlauchröllchen, fein zerdrücktem Knoblauch, Sesamöl, Pfeffer und Sesamsamen mischen.

● In einer – möglichst beschichteten – Pfanne 1 EL Öl erhitzen. Eine Schöpfkelle Teig einfüllen und wie einen Eierkuchen verteilen. Mit etwa 1 TL Belag bestreuen, mit etwas Teig beträufeln und 2 bis 3 Minuten bei mittlerer bis schwacher Hitze backen, bis der Kuchen an der Unterseite leicht gebräunt ist. Wenden und fertig backen. Warm mit dem Dip servieren.

Diese Puffer habe ich vor vielen Jahren bei Freunden in Köln gegessen: Sie hatten für ihre Au-Pair-Stelle eine junge Frau aus Korea gewonnen, die sich als Köchin aus Leidenschaft erwies. Meine Freundin Edith schrieb fleißig mit und übernahm die meisten Gerichte in ihr Kochrepertoire.

BOHNENPASTE
Moyin-moyin
Aus Nigeria

für 4

250 g Augenbohnen
1 mittelgroße Zwiebel
2 mittelgroße Tomaten
1 frische rote Chilischote
1 Bund gemischte Kräuter
1 TL Salz
3 EL Erdnuß- oder Palmöl
2 Eier
Bananenblätter oder Aluminiumfolie zum Einwickeln

● Die Augenbohnen in reichlich kaltem Wasser 1 Stunde einweichen.

● Für die Tomatensauce abgezogene Zwiebel und Tomaten, entkernte Chilischote und Kräuter im Mixer pürieren. Mit Salz und Öl würzen.

● Die Eier in 8 – 10 Minuten hart kochen, abschrecken, pellen und fein hacken.

● Die Bohnen im Einweichwasser solange zwischen den Händen reiben, bis sich die Schalen gelöst haben. Eventuell fest haftende Schalen abziehen.

● Das Wasser mit den Schalen abgießen, die Bohnen im Mixer pürieren. Tomatensauce und Eier untermischen.

● Je 2 – 3 Eßlöffel Bohnenpaste auf ein Bananenblatt oder ein Stück Alufolie geben. Blätter zu Päckchen falten.

● In einem breiten Topf etwa einen Finger hoch Wasser aufkochen. Die Päckchen nebeneinander hineinlegen und zugedeckt bei mittlerer Hitze etwa 1 Stunde dünsten. Eventuell Wasser nachgießen.

● Fertige Bohnenpaste vorsichtig aus den Blättern oder der Folie lösen und heiß servieren. Dazu paßt chilischarfer Dip, gebratener Fisch und warmes Fladenbrot.

Die Vorbereitungen für die Bohnenpaste sind etwas aufwendig, denn wir sind nicht daran gewöhnt, Trockenbohnen nach dem Einweichen zu schälen. Doch die Paste schmeckt so einfach besser. Die Eier können Sie durch gebratene Speckwürfel oder zerkleinerte Krabben ersetzen.

SCHWAMMGURKE MIT HÜHNCHEN

Von Tutty Wilpernig

für **4**

200 g Hühnerbrust
6 – 7 Schwammgurken
2 Stangen Sellerie
3 Frühlings- oder Lauchzwiebeln
3 Knoblauchzehen
2 EL Öl
50 g Shrimps
750 ml Hühnerbrühe
Salz
frisch gemahlener Pfeffer
2 EL geröstete Zwiebeln

● Das Hühnerfilet trockentupfen und in Würfel schneiden. Die Schwammgurken waschen, schälen und in 1 cm breite Ringe schneiden. Den Sellerie und die Frühlingszwiebeln ebenfalls waschen, putzen und in 3 cm breite Stücke schneiden; dabei auch das saftige Zwiebelgrün verwenden.

● Die Knoblauchzehen abziehen, fein zerkleinern und kurz im Öl anbraten. Die Shrimps und die Hühnerwürfel dazugeben und etwa 5 Minuten unter Rühren anbraten.

● Die Gurkenringe mit der Brühe zugeben und in 5 – 6 Minuten garen. Mit Salz und Pfeffer abschmecken.

● Den Sellerie und die Zwiebelstücke dazugeben und etwa 2 Minuten ziehen lassen. Mit den gerösteten Zwiebeln garnieren.

Von Tutty Wilpernig aus Java stammen dieses und das folgende Rezept. Tutty habe ich durch eines meiner Bücher kennengelernt. Seither unterstützt sie mich, wann immer ich sie darum bitte – mit Informationen über Produkte ihrer Heimat und außergewöhnlichen Rezepten aus ihrem Kochrepertoire. Und selbst wenn ich sie nur besuche, um wieder mal Fragen zu stellen, werde ich bewirtet – mit Kuchen, herzhaften kleinen Häppchen oder mit Reis, den sie in den köstlichsten Varianten zubereitet.

GEBRATENER REIS MIT PARKIA
Nasi Goreng Pete
Von Tutty Wilpernig

für 4

Würzpaste
2–5 rote Chilischoten
2 Zwiebeln
4 Knoblauchzehen
6 Parkiasamen
1 TL Krabbenpaste (siehe S. 219)
1/2 TL Salz

Für den Reis
20 Parkiasamen
60 g Butter oder Margarine
3 EL süße Sojasauce (siehe S. 219)
750 g gegarter Basmati- oder Patnareis
2 Tomaten
2 Kohlblätter
3 EL geröstete Zwiebeln

● Die Chilischoten halbieren, Kerne und Trennwände entfernen, Schoten waschen, trockentupfen und in kleine schmale Stücke zerkleinern. Die Zwiebeln abziehen, vierteln und in feine Streifen schneiden. Die Knoblauchzehen abziehen und zerdrücken. Die Parkiasamen fein hacken.

● Alle diese Zutaten mit der Krabbenpaste und dem Salz in einen großen Mörser geben und möglichst fein zerreiben.

● Für den gebratenen Reis die Parkiasamen halbieren.

● Das Fett in einer großen Pfanne oder im Wok zerlassen, die Würzmischung darin unter Rühren etwa 3 Minuten bei schwacher bis mittlerer Hitze braten.

● Die Parkia und die Sojasauce dazugeben und unter Rühren bei starker bis mittlerer Hitze 5 Minuten braten.

● Den Reis untermischen und zugedeckt bei mittlerer Hitze in etwa 3 Minuten kräftig anbraten.

● Die Tomaten in Scheiben schneiden, die Kohlblätter fein hacken.

● Den gebratenen Reis auf einer Platte anrichten und mit den gerösteten Zwiebeln, den Tomaten und den Kohlblättern garnieren. Mit Krabbenbrot (Kroepoek) servieren.

Krabbenpaste bekommen Sie bei uns in indonesischen Lebensmittelgeschäften: *Terasi* heißt sie in Indonesien, *Belachan* das gleiche Produkt aus Malaysia. Man nimmt nur kleine Mengen und gart sie vorab mit den anderen Gewürzen. Süße indonesische Sojasauce heißt *Kecap manis*, die salzige helle Sauce *Kecap asin*. Sowohl Krabbenpaste als auch süße Sojasauce enthalten bereits relativ viel Salz; zusätzliches Salz für den Reis nur eventuell nach dem Abschmecken zufügen.

SCHLANGENGURKE IN KOKOSMILCH
Sayur Oyong Panjang
Von Tutty Wilpernig

für 6

Gewürzmischung
1 Stück Ingwer (ca. 1 cm)
3 Knoblauchzehen
1 TL Koriandersamen
1 TL Zucker
1/2 TL Salz

Gemüse
150 g Tempeh
2 Stück frischer Galgant (ca. 3 cm)
1 Stange Zitronengras
200 g Shrimps
2 Salamblätter
750 ml Kokosmilch (Dose)
1 Schlangengurke (ca. 40 x 15 cm)
1 Dose Maiskörner (Abtropfgewicht 285 g)
Salz

● Den Ingwer schälen und fein zerkleinern, die Knoblauchzehen abziehen und zerdrücken. Beide Zutaten mit dem Koriander, Zucker und Salz in einem Mörser fein zerreiben.
● Tempeh würfeln, Galgant schälen und in dünne Scheiben schneiden. Das Zitronengras waschen, mit der Nudelrolle flachklopfen und wie einen Bindfaden verknoten.
● Die Würzpaste mit Tempe, Galgant, Zitronengras, Shrimps, Salamblättern und etwa 500 ml Kokosmilch in einen Topf geben und bei mittlerer Hitze 10 Minuten kochen. Dabei ab und zu umrühren.
● Inzwischen die Schlangengurke waschen und in mundgerechte Stücke schneiden. Mit den kalt abgespülten, gut abgetropften Maiskörnern und der restlichen Kokosmilch zur Tempehmischung geben und weitere 5 Minuten garen. Mit Salz abschmecken. Mit frisch gekochtem Reis servieren.

Einige Lebensmittel in dieser dicken Suppe sind für manche vermutlich neu:
● Frischen Galgant gibt es in indonesischen und thailändischen Lebensmittelläden – Galgantpulver aus dem Reformhaus oder

Naturkostladen ist kein Ersatz dafür! Nehmen Sie lieber frischen Ingwer, wenn Sie keine Galgantknolle bekommen.

● Tempeh (siehe Glossar) ist eines der wichtigsten Lebensmittel in Indonesien.

● Würzige Salamblätter *(Eugenia polyantha)* gibt es ebenfalls in Indonesienläden; Ersatz sind – möglichst frische – Lorbeerblätter.

● Zitronengras aus jedem Asienladen klopft Tutty flach, damit Aroma frei wird, und verknotet es, um zu verhindern, daß es sich beim Kochen nicht in die einzelnen Fasern auflöst.

GEBRATENER WASSERSPINAT
Pad Pakbung
Nach Janja Rieser

für **2**

700 g Wasserspinat
3 Knoblauchzehen
3 EL helle Sojasauce
1 EL Fischsauce
1 TL Zucker
3 EL neutrales Pflanzenöl

● Wasserspinat waschen und die holzigen Enden abschneiden. Das Gemüse in 5 Zentimeter lange Stücke schneiden und in eine Schüssel geben.

● Knoblauch abziehen und fein hacken. Mit den beiden Saucen und dem Zucker zu den Spinatstücken geben und alles mischen.

● Öl in einem Wok erhitzen. Den gewürzten Wasserspinat darin unter Rühren 3 – 5 Minuten braten. Sofort servieren.

Ein Beispiel für die einfache und dabei höchst elegante thailändische Küche. Durch Janja Rieser habe ich Wasserspinat kennengelernt, lange bevor ich überhaupt daran dachte, ein Buch über exotisches Gemüse zu schreiben.

GEWÜRZTER FLASCHENKÜRBIS

für **2**

1 mittelgroßer Flaschenkürbis
Salz
2 – 3 rote Chilischoten
2 Knoblauchzehen
1 TL Krabbenpaste (siehe S. 219)
3 Kemiri-Nüsse (siehe unten)
4 EL Pflanzenöl
Saft einer Limette

●Den Flaschenkürbis der Länge nach aufschneiden und entkernen. In Scheiben schneiden, mit Salz bestreuen und 30
Minuten ziehen lassen.

●Die Chilischoten halbieren, Trennwände und Kerne entfernen; Schoten waschen und in feine Streifen schneiden. Knoblauchzehen abziehen, mit Chilis, Krabbenpaste und Kemiri-
Nüssen in einem Mörser möglichst fein zerreiben.

●Kürbisscheiben kalt abspülen und etwa 3 Minuten in Salzwasser kochen. Herausnehmen und trockentupfen.

●Das Öl erhitzen und die Gewürzpaste darin anbraten. Die
Kürbisscheiben zugeben und pro Seite etwa 1 Minute braten.
Mit dem Limettensaft und Salz würzen und heiß oder kalt ser-
vieren.

Kemiri-Nüsse gehören zu den typischen Würzzutaten der
südostasiatischen Küche. Man verwendet sie nur gegart, denn
roh sind sie schwach giftig. Die Nüsse enthalten eine Menge
Öl, das man früher für Lampen verwendet hat – das englische
Wort *candlenut* und der alte deutsche Name „Lichtnuß" erinnern noch daran.

Glossar

Bioaktiv-Stoffe: Dies sind sekundäre Pflanzenstoffe oder *phytochemicals*, die als Substanzen in pflanzlichen Lebensmitteln vorhanden sind und im Körper wie Arzneimittel wirken. Zu den Bioaktiv-Stoffen gehören u. a. 2 – 3 Vitamine, Mineralstoffe, ätherische Öle, Ballaststoffe, Farb- und Aromastoffe. Die Forschung auf diesem Gebiet ist relativ jung und läuft auf Hochtouren, denn mit Bioaktiv-Stoffen kann man eine ganze Reihe von Zivilisationskrankheiten verhindern und sogar bekämpfen.

Blattgemüse: Dazu gehört zum Beispiel Malabar-Spinat, Cima di rape oder Salat-Chrysantheme, das heißt alle Gemüsegattungen, von denen wir hauptsächlich die Blätter essen.

Bohnen: Der lateinische Gattungsname sagt Ihnen, ob es sich um eine Bohne der Alten oder Neuen Welt handelt: Die Gattung *Phaseolus*, zu der die Keniabohne zählt, ist eine Bohne aus Übersee – im Unterschied zur Gattung *Vigna*, wie zum Beispiel die Augenbohne (Seite 34), die aus Afrika und Asien stammt. Diese botanische Gliederung hat als erster der Florentiner Domenico Vigna vorgenommen, von 1609 bis 1647 Professor für Botanik an der Universität Pisa.

CA-Lagerung: Das Kürzel in der Bezeichnung steht für *Controlled Atmosphere* und bedeutet, daß Gemüse und Früchte in speziellen Kühlräumen lagern, die weniger Sauerstoff und mehr Kohlendioxid enthalten. Diese künstliche Atmosphäre verzögert Altern und Verderb der Produkte.

Chilling-Schäden sind Qualitätsmängel, die bei zu kalter Lagerung von Fruchtgemüse wie Chayote, Tomaten, Kürbis oder Kochbananen entstehen. Die Produkte werden zwar noch über dem Gefrierpunkt, doch bei so niedrigen Temperaturen gelagert, daß sie Qualitätsmängel aufweisen. Je nach Gemüseart, Lagerdauer und Temperatur zeigen sich Verfärbungen auf der Schale, glasige Stellen im Fruchtfleisch und/oder Geschmacksveränderungen.

Columella: L. Junius Moderatus Columella wurde Anfang des 1. Jahrhunderts n. Chr. in Südspanien geboren, hielt sich im Jahre 36 als ranghoher Soldat in Kleinasien auf und lebte später in Italien. Heute würde man ihn als Agrarwissenschaftler bezeichnen: Sein Hauptwerk über die Landwirtschaft besteht aus zwölf Büchern, die den Leser systematisch in dieses Fachgebiet einführen.

Dashi-Brühe: Es ist die Grundlage japanischer Suppen wie Fleisch- oder Geflügelbrühe im Westen. Sie besteht aus getrockneten Bonitoflocken, einer Thunfischart, und der Alge Kombu (siehe S. 101). Als edelste Variante gilt reine Kombu-Brühe. Dashi gibt es auch bei uns als Instant-Brühe zu kaufen.

Dioskurides lebte zur Zeit des römischen Kaisers Nero (37–68 n. Chr.) und ist der berühmteste Pharmakologe des Altertums. In seinem Werk „Materia medica" behandelt er u. a. die Heilwirkung von Kräutern, Gemüse- und Getreidearten.

Eiskraut ist kein Exote, sondern traditionelles einheimisches Gemüse, das in europäischen Küstenregionen wächst.

Enzyme sind Verbindungen von Aminosäuren, die biochemische Reaktionen in der lebenden Zelle steuern. Amylasen zum Beispiel setzen die Umwandlung von Stärke- in Zuckermoleküle in Gang. Enzyme spielen bei allen Stoffwechselvorgängen eine Rolle, also auch bei Reife und Verderb von Gemüse und Obst. Hitze zerstört sie. Deshalb ist Papain zum Zartmachen von Fleisch nur in rohen Papayas wirksam.

Ethylen ist ein Gas, das Fruchtgemüse bilden und abgeben, wenn sie reifen. Es wirkt auf anderes Gemüse und Obst in der Umgebung wie ein Signal zum schnellen Reifen: Zusammen mit reifen Äpfeln in der Obstschale bringt man harte Avocados zum Reifen. Kühlung blockiert die Freisetzung von Ethylen. Deshalb reifen zum Beispiel Kochbananen oder Gemüsepapayas im Kühlschrank viel langsamer nach oder halten sich darin länger als bei Zimmertemperatur.

Farofa nennt man Maniokmehl, das in Butter oder Margarine gebraten und als Beilage serviert wird. Die Farofa läßt sich ähnlich wie Reis mit anderen Zutaten vermischen: Die *Farofa de*

Dendé wird mit Palmöl zubereitet, für *Farofa de Banana* brät man Kochbananen, gehackte Zwiebel und Maniokmehl in Butter.

Fermentierte Bohnen: Ein wichtiges Würzmittel und Salzersatz in der chinesischen Küche, das es in verschiedenen Varianten in Chinaläden zu kaufen gibt: als Paste oder ganze Bohnen, die frisch und nur mit Salz konserviert oder zusätzlich getrocknet werden. Pasten sind oft mit Gewürzen wie Chili, Sojasauce und Zucker gemischt. Getrocknete und/oder gesalzene schwarze Sojabohnen nimmt man vor allem für geschmortes Fleisch und Gerichte mit Bittergurken. Getrocknete, fermentierte Bohnen schmecken sehr intensiv und werden vor der Verwendung kalt abgespült und wie Trockenpilze eingeweicht.

Fruchtgemüse sind zum Beispiel Gemüsepapayas, Kochbananen, Schlangengurken, Auberginen oder Kürbisse, das heißt Gemüse, deren Früchte wir essen. Im Unterschied etwa zu Samen wie Bohnenkerne oder Wurzelknollen wie Maniok.

Fruchtsäuren heißen organische Säuren in bestimmten Gemüsen und Früchten, die das erfrischende Aroma ausmachen. Die wichtigsten: Apfel-, Wein- und Zitronensäure. Die meisten Früchte und viele Gemüse enthalten eine der Säuren als Hauptkomponente, die man tatsächlich schmeckt: in herben Granatäpfeln und fruchtig-säuerlichen Passionsfrüchten dominiert Zitronensäure, in milden Litschis und Cherimoyas die Äpfelsäure. Säurearme Früchte wirken auf unsere Geschmacksknospen eher fade.

Garam Masala: Die indische Mischung aus acht bis 13 Gewürzen heißt übersetzt „heiße Gewürze", weil sie den Körper von innen wärmt und vor allem im Herbst und Winter verwendet wird. Traditionsbewußte Inder und Inderinnen bereiten Garam Masala jeweils frisch zu. Meist kauft man sie jedoch fertig gemixt, läßt sie aber frisch mahlen. Bei uns bekommen Sie verschiedene Mischungen von Garam Masala in Indienläden.

Ghee heißt die indische Form von Butterschmalz: Butter wird langsam erhitzt und gekocht, bis sich die Eiweißbestandteile und andere Trübstoffe wie zum Beispiel Salz vom reinen Butterfett trennen. Das Fett gießt man vorsichtig in ein anderes

Gefäß um, nimmt es zum Kochen, Schmoren und Dünsten. Wie jedes reine Fett ist Ghee bis zu einem Jahr haltbar. Sein besonderer Geschmack entsteht durch milde Röststoffe beim Kochen der Butter.

Guarbohne – auf lateinisch *Cyamopsis tetragonoloba* – gehört wie grüne Bohnen zu den Leguminosen und ist nur als Kulturpflanze bekannt. Sie wird traditionell in Indien und Pakistan für Menschen und Tiere angebaut. Die jungen Schoten ißt man als Gemüse, die reifen Samen werden ans Vieh verfüttert. Guarsamen enthalten ein bestimmtes Kohlenhydrat, mit dem man Flüssigkeiten hervorragend binden kann. So hat man vor allem in den USA um 1950 mit dem Anbau begonnen, um die Samen der Guarbohne für die Lebensmittel-, Kosmetik- und Papierindustrie zu nutzen. Bei uns gibt es die Bohnen meines Wissens nicht zu kaufen.

Hoisinsauce ist dicke, braune Sauce aus gesalzener Sojabohnenpaste mit Gewürzen, Essig und Zucker. Sie schmeckt süß-salzig und sehr „rund".

Hülsenfrüchte: Dies ist die Sammelbezeichnung für Pflanzen, die als Früchte Hülsen mit Samen bilden. Grüne Bohnen essen wir während der sogenannten Milchreife: Die Hülsen sind noch fleischig und zart, die Samen darin weich. Getrocknete Bohnensamen wie Adzuki- oder Schwarzaugenbohnen essen wir während der sogenannten Totreife, das heißt, die Samen reifen nicht mehr weiter aus. Doch sobald sie mit Wasser in Berührung kommen, keimen sie aus und bilden neue Pflanzen.

Inulin ist ein wichtiger Ballaststoff für einen gesunden Darm und unser gesamtes Wohlbefinden. Inulin bildet den Nährstoff für bestimmte Darmbakterien, die vermutlich bei der Tumorprophylaxe eine wesentliche Rolle spielen.

Jujube: Sie heißt auch chinesische oder rote Dattel und stammt aus einer Region, die sich von Westasien, Syrien, Nordwestindien bis nach Nordchina und Japan zieht. In China wird die Jujube seit mindestes 4000 Jahren kultiviert. Für die chinesische Küche sind die etwa pflaumengroßen, grün und braun gesprenkelten bis rotbraunen Früchte auch typisch: Zum Lagern werden sie wie Rosinen getrocknet, für die Zubereitung eingeweicht, entsteint und als Würzmittel in Suppen gekocht, mit Fleisch geschmort, in Füllungen für gedämpfte Dim sum verwendet.

Kohlenhydrate bilden das Gerüst aller Pflanzen, liefern Pflanze, Tier und Mensch Energie und bilden so den Hauptanteil der Biomasse auf unserem Planeten. Es gibt Verbindungen von ein oder zwei Molekülen, die süßen Zucker, die sich gut in Wasser auflösen. In Pflanzen sind das vorwiegend Fructose, Glucose und Saccharose. Und es gibt ganze Molekülgruppen ohne den Zuckergeschmack. Getreide, Gemüse und unreifes Obst bestehen vorwiegend aus diesen komplexen Kohlenhydraten, aus Stärke und Ballaststoffen.

Kulturpflanzen: Eine allgemein verbindliche Definition dafür und damit die Abgrenzung zu Wildpflanzen gibt es nicht. Heinz Brücher, Professor für Pflanzengenetik an verschiedenen Universitäten und Experte für Tropenfrüchte, nennt als wichtigstes (und einfachstes) Kriterium den Ertrag. Kulturpflanzen unterscheiden sich von ihren wilden Vorfahren hauptsächlich darin, daß sie trotz vordringender Zivilisation und Agrarwirtschaft nicht ausgerottet werden, sondern im Gegenteil reiche Frucht tragen.

Lunja ist ein Markenname, unter dem häufig Soja- und Mungobohnensprossen in Deutschland verkauft werden. Er leitet sich ab aus dem chinesischen Begriff „Longya" = „Drachen-Sprossen" – eine etwas hochgegriffene Formulierung für ein kleines Gemüse.

Mangopulver wird aus sehr sauren, unreifen Mangos hergestellt und ist vor allem in der nordindischen Küche Würze zum Säuern. Bei uns bekommt man es in indischen Lebensmittelgeschäften.

Maniokmehl besteht aus geraspelter Maniok, die getrocknet und gemahlen wurde. Maniokmehl gibt es roh oder geröstet. Man nimmt es wie normales Weizenmehl zum Backen oder bereitet Beilagen damit zu (siehe auch „Farofa" S. 225f.).

Mekabu heißen Teile des Wurzelsystems der Braunalge Wakame mit weit mehr Mineralstoffen als im Rest der Pflanze. Heißt auch „König der Wakame" und ist nach 2 – 3 Minuten Einweichzeit in heißem Wasser eine feine Salatzutat. Bei uns gibt es Mekabu meines Wissens nicht zu kaufen.

Mirin nennt man japanischen Reiswein mit etwa 14 Prozent Alkohol. Er wird aus Reismaische und Reissirup hergestellt, mit Wasser verdünnt, und man nimmt ihn fast ausschließlich zum Kochen (siehe Rezept „Arame mit Möhren und Tofu", S. 210). Der bei uns bekanntere – eher trockene – Sake ist zwar ebenfalls Würzmittel, doch vor allem Getränk.

Nachreife nennt man bei geerntetem Gemüse und Obst die Zeitspanne zwischen Baum- und Genußreife (siehe „Reife", S. 230). Man kann sie durch Temperatur, Luftfeuchtigkeit, ein bestimmtes Gemisch von Kohlendioxid und Sauerstoff oder durch das pflanzeneigene Reifegas Ethylen steuern.

Off-Flavour bedeutet Qualitätsmangel. Das Fruchtgemüse hat dann möglicherweise durch falsche Lagerung einen Fremdgeschmack angenommen. Oder es hat gar keinen Geschmack, wenn es zum Beispiel zu früh geerntet worden ist.

Orecchiette heißen typische Nudeln aus Apulien, in Form kleiner Ohrmuscheln (*orecchiette* bedeutet „Öhrchen").

Oxalsäure: Die Säure kommt in bestimmten Pflanzen wie Karambolen, Rhabarber, Sauerampfer und Spinat vor. Sie bindet Calcium, so daß der Körper diesen Mineralstoff nicht verwerten kann. Gesunde Menschen können das ausgleichen, indem sie diese Lebensmittel mit Milchprodukten essen. Wer Probleme mit Niere und Harnwegen hat, verzichtet lieber auf oxalsäurereiches Obst und Gemüse.

Patulin heißt ein Mykotoxin (Schimmelgiftstoff), das vorwiegend in Obst und Gemüse vorkommt (siehe „Schimmel", S. 230).

Pektin ist eine Art von Ballaststoff, der in vielen Pflanzen enthalten ist. Es spielt sowohl für die Küche als auch für die gesunde Ernährung eine Rolle: Als wichtigstes Geliermittel beim Einkochen und als bedeutender Regulator für Cholesterin.

Plinius der Ältere (C. Plinius Secundus) 23/24 – 79 n. Chr., römischer Beamter, Naturforscher und Schriftsteller. Sein einziges erhaltenes Werk, die „Naturalis historia", eine enzyklopädische Naturgeschichte, gibt Auskunft über alle Pflanzen, die in der griechisch-römischen Antike bekannt waren.

Reife: Man unterscheidet Baumreife und Genußreife. Baumreifes Fruchtgemüse schmeckt noch nicht, ist aber so gepflückt worden, daß es nach einem gewissen Zeitraum und entsprechender Lagerung genußreif, also richtig zum Essen ist.

Reisbohne: Die kleinen Bohnensamen, die an Reiskörner erinnern und genau wie Reis als Beilage gegessen werden sollen, gibt es meines Wissens bei uns nicht zu kaufen.

Rhizom: Der unterirdisch verlaufende Sproß verschiedener Pflanzen, der horizontal wächst, feine Wurzeln nach unten bildet und Sprossen nach oben treibt. Daraus kann sich ein weiterer Stengel mit Blättern, Blüten und Früchten entwickeln, der unter der Erde jedoch mit der Mutterpflanze so verbunden ist wie die Zweige eines Baumes mit dem Stamm. Zu den Rhizom-Pflanzen gehören zum Beispiel Bambus, Lotus, Spargel und Ingwer.

Sambal: Indonesische Würzpaste, die es in verschiedenen Schärfegraden und Geschmacksnuancen gibt. Am bekanntesten bei uns ist brennendscharfes *Sambal oelek*.

Schimmel heißen in der Alltagssprache giftige Stoffwechselprodukte verschiedener Schimmelpilze. Mykotoxine wie Patulin bilden sich in faulendem Fruchtgemüse und Obst, „wandern" in der Frucht, ohne daß man es erkennen kann und sind so gesundheitsschädlich, daß Sie faulende Gurken, Papayas oder anderes Fruchtgemüse mit weißlichem Schimmelbelag grundsätzlich wegwerfen sollten.

Shiso: Die Pflanze aus der großen Familie der Minze gehört zu den wichtigsten Kräutern der japanischen Küche. Ganze grüne

Shisoblätter nimmt man als Garnierung oder taucht sie wie Gemüseblätter in dünnen Teig für Tempura (siehe unten) und backt sie aus. Gehackt mischt man sie in den Reis für gerolltes Sushi. Rötliche Shisoblätter sind eine andere Art, nicht so würzig wie grünes Shiso, und typische Zutat für Gemüse- oder Obstpickles, zum Beispiel Umeboshi-Pflaumen (siehe unten).

Shoyon ist die japanische Bezeichnung für Sojasauce. Es gibt verschiedene Arten von Sojasaucen, die alle zu den wichtigsten Gewürzen in Ost- und Südostasien zählen – helle Saucen aufgrund ihres hohen Salzgehaltes, dunkle wegen ihrer intensiven Würzkraft, die etwas an Malz erinnert.

Spargelerbse gehört zum einheimischen Gemüse. Meines Wissens können Sie es nirgendwo kaufen, aber ganz leicht im Garten selber ziehen. Samen bekommen Sie bei Gartenbauvereinen und im Versandhandel. Man ißt die Schoten, die wie kleine zarte Goabohnen (siehe S. 81) aussehen. Sie schmecken eher herb – wie viele alte Gemüsearten, bevor sie züchterisch verbessert wurden.

Tamarindensaft: In Indien, Indonesien, Malaysia und auf den Philippinen gehören Blüten, Blätter, unreife Samen und reifes Fruchtmark des Tamarindenbaums zu den alltäglichen Gewürzen. Zur Gewinnung des Safts werden alle Teile des Gewächses verwendet – junge Blätter, Blüten, unreife Schoten und reifes Fruchtmark. Das Mark aus Fruchtfleisch und Kernen ist der „Essig" vieler asiatischer Küchen. Bei uns bekommt man dieses Mark auch ohne Kerne als Block im Plastikbeutel abgepackt in Thailäden. Für dickes Tamarindenwasser ein Päckchen (ca. 227 g) mit 1/2 Liter Wasser aufkochen und auf die Hälfte einkochen lassen. Durch ein Sieb gießen und weitere zehn Minuten einkochen. Verschlossen im Kühlschrank aufbewahrt, hält es sich 2 Wochen, eingefroren 3 Monate. Ein Eiswürfel entspricht der Menge von 2 Eßlöffeln dickflüssigem Tamarindenwasser.

Tempeh gehört in Indonesien zur Alltagsküche und wird wie folgt hergestellt: Gekeimte Sojabohnen, eventuell gemischt mit Getreidekörnern, werden gekocht und zum Gären gebracht. Tempeh schmeckt nußartig und enthält reichlich Eiweiß. Reines Soja-Tempeh gilt als das beste. Tempeh kann man braten, fritieren, schmoren und mit Gewürzen wie Frikadellen verarbeiten (siehe auch Rezept „Schlangengurke in Kokosmilch" S. 220f.).

Tempura haben vermutlich Missionare und Händler aus Portugal im 16. Jahrhundert nach Ostasien gebracht. Es heißt, der Name des Gerichts leite sich vom portugiesischen *temporas* ab, der Fastenzeit vor Ostern. Deshalb enthält auch das Original-Tempura kein Fleisch, sondern Gemüse, Fisch und Meeresgetier. In Japan und Korea serviert man es für Gäste gewöhnlich als Vorspeise oder Zwischengang, in der Familie auch als Hauptgericht. Grundsätzlich kann man jedes Gemüse, das nicht zuviel Wasser enthält, als Tempura in dünnem Teigmantel ausbacken: Pilze, Porree, Zucchini oder sehr kohlenhydratreiches Gemüse wie Süßkartoffeln und Maniok. Gurken, Rettich und Tomaten eignen sich nicht.

Thalli nennt man die „Blätter" von Algen.

Umeboshi heißt wörtlich übersetzt „getrocknete Pflaume", und tatsächlich gibt es diese japanische Spezialität in gut sortierten Naturkostläden auch getrocknet in Gläsern. Bekannter sind Kmeboshi als eingelegte Pflaumen: Unreife Früchte werden in Salzlake eingeweicht, mit Shiso-Blättern (siehe S. 230f.) umwickelt und in ein Salzbad eingelegt. Die Pflaumen sind Bestandteil des traditionellen japanischen Frühstücks, und ein britischer Journalist hat sie als kulinarisches Gegenstück zur kalten Dusche bezeichnet, weil sie die Lebensgeister auf einen Schlag wecken. Sie sollen die Verdauung anregen und den Darm pflegen. Umeboshi-Paste gehört zu verschiedenen Dips.

Varietät bedeutet die geringfügig abweichende Form einer Gemüse- oder Obstart, in der Botanik mit *var.* abgekürzt. So ist Daikonrettich (siehe S. 68) eine Varietät des „normalen" Rettichs und wird als *Raphanus sativus* var. *longipinnatus* bezeichnet.

Wasabi heißt auch japanischer Meerrettich: In Japan kennt man Wasabi seit etwa einem Jahrtausend. Die Staude mit den herzförmigen Blättern und der durchdringend scharfen, rübenähnlichen Wurzel wächst wie unsere Brunnenkresse in kühlen Regionen an fließenden Gewässern. Man ißt den Meerrettich vorwiegend zu kalten Gerichten: Etwas geraspelter Wasabi wird zum Beispiel für Sushi in den gesäuerten Reis geknetet. Zur einfachen japanischen Küche gehört eine Schale Reis, gegrillter Fisch und eingelegtes Gemüse – Auberginen, Rettich, Chinakohl oder Gurken –, das mit Wasabi und Senf konserviert sein kann. Blätter und Wurzeln werden auf der Basis von Reisessig auch zu scharfem Senf verarbeitet. Nach Europa kam Wasabi als Beilage zu Sashimi oder Sushi. Leider muß man sich gewöhnlich mit Wasabipulver oder Paste aus der Tube begnügen, denn die frische Wurzel gibt es kaum zu kaufen.

Wildwuchs bedeutet bei Exotengemüse, daß die Produkte nicht zu den gezüchteten Exemplaren aus gewerbsmäßigen Plantagen gehören. Sie können in Hausgärten, vom Straßenrand oder von wilden Bäumen und Sträuchern auf freiem Feld geerntet werden.

Yamsbohne: Die Hülsenfrucht stammt aus dem südlichen Mexiko, wurde von den Indios kultiviert und im 17. Jahrhundert als „Jicama" von den Spaniern auf die Philippinen gebracht. Die Schlingpflanze mit bis zu 6 Meter langen Trieben trägt höchst attraktive malvenfarbene Blüten, aus denen sich die bis zu 14 cm langen, daumenbreiten und flachen Schoten mit fast quadratischen Samen entwickeln. Kultiviert werden Yamsbohnen jedoch wegen ihrer dicken, fleischigen Wurzelknollen, die jung geerntet sehr wasserhaltig und erfrischend sind. Inzwischen gehören Yamsbohnen weltweit zum traditionellen Gemüse chinesisch geprägter Familienküche. Bei uns sind sie allerdings kaum zu bekommen.

Literaturverzeichnis

Bärtels, Andreas: Farbatlas Tropenpflanzen: Zier- und Nutz-pflanzen. 3. Auflage, Stuttgart 1993

Brickell, Christopher (Hg.): Enzyklopädie der Garten- und Zim-merpflanzen. München 1990

Brücher, Heinz: Tropische Nutzpflanzen. Ursprung, Evolution und Domestikation. Berlin u. a. 1977

Das große Buch der Gemüse aus aller Welt. 3. Auflage, Füssen 1995

Caesar, Knud: Einführung in den tropischen und subtropischen Pflanzenbau. Frankfurt/Main 1986

Carper, Jean: Food – Your Miracle Medicine. New York 1993

Dahlen, Martha: A Cook's Guide to Chinese Vegetables. Hong Kong 1995

Daßler, Ernst und Heitmann, Gisela: Obst und Gemüse. Eine Warenkunde. 4., vollständig neu bearbeitete Auflage, Berlin u. Hamburg 1991

Encke, Fritz u. a.: Zander: Handwörterbuch der Pflanzennamen. 15. Auflage, Stuttgart 1994

Engelhardt, Ute und Hempen, Carl-Hermann: Chinesische Diä-tetik. München u. a. 1997

Franke, Wolfgang: Nutzpflanzenkunde: Nutzbare Gewächse der gemäßigten Breiten, Subtropen und Tropen. 4. Auflage, Stutt-gart 1989

Goetz, Rolf: Kochen mit Meeresgemüse. Berlin 1986

Grigson, Jane: Jane Grigson's Vegetable Book. London 1980

Heinerman, John: Heinerman's Encyclopedia of Fruits, Vegeta-bles and Herbs. New Jersey 1988

Herrmann, Karl: Exotische Lebensmittel. Inhaltsstoffe und Ver-wendung. 2. überarbeitete Auflage, Berlin u. a. 1987

Keller, Fritz / Lüthi, Jürg / Röthlisberger, Kurt: 100 Gemüse. Zollikofen 1986

Kongpan, Sisamon: The Best of Thai Cuisine. Bangkok o.J.

Kritakara, Taw und Amranand, Pimsai: Modern Thai Cooking. Bangkok 1977

Lange, Elisabeth: Richtig einkaufen, gesund essen: Was Sie über unsere Lebensmittel wissen sollten. München 1993

Liebster, Günther: Warenkunde. Band 2: Gemüse. Düsseldorf 1990

McGee, Harold: The Curious Cook. London 1993

Pahlow, Mannfried: Das große Buch der Heilpflanzen: Gesund durch die Heilkräfte der Natur. 2. Auflage, München 1994

Purseglove, J.W.:
– Tropical Crops. Dicotyledons Vol. 1 and 2. London 1968
– Tropical Crops. Monocotyledons Vol. 1 and 2. London 1972

Rehm, Sigmund und Espig, Gustav: Die Kulturpflanzen der Tropen und Subtropen: Anbau, wirtschaftliche Bedeutung, Verwertung. 2. Auflage, Stuttgart 1984

Täufel / Ternes / Tunger / Zobel: Lebensmittellexikon. Band 2: L – Z. 3. Auflage, Hamburg 1993

Van den Hoek, Christiaan / Jahns, Martin / Mann, David G.: Algen. 3. neubearb. Auflage, Stuttgart und New York 1993

Watzl, Bernhard / Leitzmann, Claus: Bioaktive Substanzen in Lebensmitteln. Stuttgart 1995

Register

DIE GUIDES FÜR
KENNER UND GENIESSER

Andrew Jones
Aperitif
224 Seiten
ISBN 3-453-13777-9

Desmond Bugg
Wodka
192 Seiten
ISBN 3-453-13778-7

Anwer Bati
Zigarren
224 Seiten
ISBN 3-453-13779-5

Axel und Bibiana Behrendt
Grappa
256 Seiten
ISBN 3-453-08039-4

HEYNE